후회 없는 인생 사용법

완벽한 하루

완벽한 하루

2016년 2월 1일 초판 1쇄 발행 | 2016년 2월 15일 6쇄 발행
지은이 · 류랑도

펴낸이 · 이성만
책임편집 · 최세현 | 디자인 · 김애숙

마케팅 · 권금숙, 김석원, 김명래, 최의범, 조히라, 강신우
경영지원 · 김상현, 이윤하, 김현우
펴낸곳 · (주)쌤앤파커스 | 출판신고 · 2006년 9월 25일 제406-2012-000063호
주소 · 경기도 파주시 회동길 174 파주출판도시
전화 · 031-960-4800 | 팩스 · 031-960-4806 | 이메일 · info@smpk.kr

ⓒ류랑도(저작권자와 맺은 특약에 따라 검인을 생략합니다)
ISBN 978-89-6570-297-9(03320)

쌤앤파커스(Sam&Parkers)는 독자 여러분의 책에 관한 아이디어와 원고 투고를 설레는 마음으로 기다리고
있습니다. 책으로 엮기를 원하는 아이디어가 있으신 분은 이메일 book@smpk.kr로 간단한 개요와 취지,
연락처 등을 보내주세요. 머뭇거리지 말고 문을 두드리세요. 길이 열립니다.

후회 없는 인생 사용법

완벽한 하루

· 류랑도 지음 ·

차례

―――― **Part 1** ――――

우리의 하루가
쉽게 무너지는 이유

—————— **Part 2** ——————

'완벽한 하루'를 만드는
7가지 키워드

후회 없는 인생 사용법

1년은 365일, 10년은 3,650일, 100년은 36,560일….

하루에 1개씩 저금통에서 100원짜리 동전을 꺼내 쓴다고 치자. 10년, 100년은 길어 보이지만, 실제로 35,600개를 다 쓰고 나면 없어지는 것이 우리 인생이다. 오늘도 당신은 동전을 하나 꺼내 썼다. 무엇을 위해 썼는가? 값지게, 귀중하게 썼는가? 아니면 멍하게 있다 길에 그냥 버렸는가? 똑같이 주어진 하루라는 동전, 이왕이면 좀 더 폼 나게, 더 의미 있게 써야 하지 않겠는가? 당신이 지금 스무 살이라면 이미 남은 동전은 29,200개, 서른 살이라면 25,550개뿐이다. 그리고 1년을 허투루 보냈다면 365개의 동전을 그냥 버린 셈이다.

한 번뿐인 인생이기에 1분, 1초를 의미 있게 보내고 싶지만, 아무것도 이뤄낸 것 없이 하루를 보내고 나면, 시간이 흘러가는 것 자체가 고통스럽다. 잠자리에 들면서도 한숨이 푹 나온다. '내일도 똑같은 하루가 반복되겠지?' 하는 좌절감과 함께.

무엇을 위해 오늘을 살 것인가?

대부분의 사람들이 비슷비슷한 하루를 보낸다. 어제가 오늘 같고 오늘이 내일 같고…, 출근하기도 전에 벌써 퇴근하고 싶고…, 일요일 오후부터 슬슬 신경질이 올라오고…. 별일 없이 사는 게 한편으로는 다행이다 싶다가도, 가끔 미칠 것같이 지겹고 불안하다. 이런 원인 모를 무력감과 불안함을 애써 외면하며 시간을 견디다 보면, 어느덧 또다시 1주일이 가고 한 달이 가고 1년이 후딱 간다. 새해가 되면 밝고 희망차기보다는 '아, 해놓은 것도 없이 나이만 먹는구나.' 하는 생각에 더 우울해진다. 하루하루를 정말 열심히, 엄청 바쁘게 사는 사람도 마찬가지다. 오히려 피로감에 억울함(?)까지 겹쳐져서 속이 더 쓰리다.

왜 열심히 사는데 제대로 살고 있다는 느낌이 안 들까? 왜 사는 게 즐겁지 않고, 아무런 보람이나 성취감도 없이 하루하루가 지나가버릴까? 나 역시 한 사람의 직업인이자 가장으로서 '어떻게 하면 인생을 의미 있고 즐겁게 살 수 있을까?'를 늘 고민했다. 그리고 그 해답을 찾기 위해서는 먼저 해결해야 할 질문이 있다는 것을 알았다. 바로 '나는 왜 이 일을 하는가?', '내가 진정으로 원하는 것은 무엇인가?'다. 어떤 일이든 '왜 하는지'를 알면 스스로 간절히 원하게 되고, 간절히 원해서 하는 일은 힘들고 어려워도 성취감과 보람, 성장이 있기 때문이다.

시간 가는 줄 모르고 어떤 일에 흠뻑 빠져본 적 있는가? 몸은 비록 완전히 탈진했지만 마음만은 만족감과 기쁨으로 가득 차올랐던 기억은? '무엇을 위해 오늘을 살 것인가?'에 대답할 수 없다면, 그런 순간을 맛볼 수 없다. 그저 닳도록 벽시계를 쳐다보며 퇴근시간을, 하교시간을 기다릴 뿐이다. 오늘 꼭 이루고 싶은 것, 기대하는 바가 없으니 과녁 없이 화살을 쏘는 것처럼 허무하다. 밀도가 아니라 부피, 목표가 아니라 시간표만 남은 하루다.

오늘 하루는 인생의 축소판

그렇다면 어떻게 이런 허무하고 무기력한 하루에서 벗어나 '완벽한 하루'를 만들까? 먼저 '완벽한 하루'가 무엇인지 알아야겠다. 이 책의 제목에 '완벽'이라는 단어를 넣었을 때, 처음에는 주변에서 다들 정색했다. 왜 하필 불가능할 것 같은 '완벽'이냐고. 대부분의 사람들이 '완벽하다'는 말을 '빈틈 하나 없는 완전무결한 상태'로 받아들여 감히 따라 할 수 없는 것이라고 느끼는 듯하다. 하지만 나는 완벽이라는 단어를 조금 다르게 본다. 오늘 하루 동안 내가 가장 원하는 '단 하나'의 목표만이라도 만족스럽게 마무리 짓고 밀도 있게 사는 것, 나는 이것이 '완벽한 하루'라고 생각한다. 물론 상대방과 비교해서 더 뛰어나야 하는 '비교 만족'이 아니다.

오늘 하루는 인생의 축소판이다. 내가 원하는 것이 이루어지는 완벽한 하루를 만들고, 이러한 하루하루를 모아 인생이라는 고운 비단을 짜야 한다. 그러기 위해서는 하루를 다르게 바라봐야 한다. '내가 진정으로 이루고 싶은 것을 위해 오늘 하루를 어떻게 사용할 것인가?'의 관점으로 접근하는 것이다. 이런 마음은 굴뚝같은데 방법을 몰라서 실천하지 못하는 사람들에게 도움을 주기 위해 나는 이 책을 쓰게 되었다.

이제부터 하루, 한 달, 일 년, 더 나아가 인생을 계획한 대로 살아갈 수 있는 방법을 소개할 것이다. 단절, 방향, 목표, 시간, 지원군, 실행, 성장이라는 7개의 키워드가 독자 여러분의 '완벽한 하루'를 이끌어줄 것이다. 스스로에게 미안하지 않은 삶, 이제껏 원하고 꿈꿔왔던 인생을 살아가는 데 이 책이 도움이 되길 진심으로 바란다.

Part 1

우리의 하루가
쉽게 무너지는 이유

출근하면 오늘 하루가 빨리 가기를 바라고

퇴근하면 내일 하루가 더디게 오기를 바라고

살다 보면 1년은 너무 빨리 지나가 아쉽고

살다 보면 인생은 그렇게 속절없이 지나간다.

그러면서 우리는 세월이 너무 빠르다고 야속해 한다.

오늘은 아무것도 안 하고 싶다

똑같은 하루가 반복되는 악몽

영화 '사랑의 블랙홀'의 필(빌 머레이)과 '엣지 오브 투모로우'의 빌(톰 크루즈)에게는 공통점이 있다. 반복되는 일상에 갇혀 지낸다는 점이다. 이 두 영화는 장르도 배경도 완전히 다르지만, 주인공들은 모두 똑같은 하루에 갇혀 살아간다.

매일 똑같이 반복되는 하루는 두 주인공에게 마치 저주 같다. '사랑의 블랙홀'의 필은 자기중심적이고 매사에 불평이 가득한 미혼의 남자. 필은 똑같은 날이 반복되는 절망감에 삶을 포기한 듯 아무렇게나 살다가 급기야 자살기도를 하지만 마음대로 죽을 수도 없었다. 다음 날이면 똑같은 하루가 다시 반복되기 때문이다.

마찬가지로 죽고 싶어도 죽지 못하는 빌. 평온한 시골 마을에서 지루하게 반복되는 하루를 보내는 필보다 더 심각한 상황에 처했다. 예비군들이 꾸는 악몽 중에서도 최악이 바로 군대에 다시 가는 꿈이라고 하는데, '엣지 오브 투모로우'의 빌은 전투경험이 전혀 없는데도 전장에서 똑같은 하루가 반복된다. 그는 원래 군의 홍보 담당자였는데, 갑자기 외계 생명체와의 전투에 배치되면서 죽어서도 계속 되살아나 전쟁을 치러야만 하는 운명에 처한다.

하지만 영화가 끝나갈 즈음, 필은 진실한 사랑을 깨닫고 빌은 인류 멸망을 막는 영웅이 된다. 그리고 이 두 사람은 새로운 사랑을 찾아 반복되는 하루에서 벗어난다. 저주처럼 반복되던 하루에서 빠져나온 주인공들이 새로운 하루를 맞이하면서 두 영화는 결국 해피엔딩으로 끝난다.

반복되는 하루는 영화 속 이야기만이 아니다. 아침에 눈을 떴는데 혹시 어제와 똑같은 하루가 반복된다는 느낌을 받은 적 없는가? 아니면, 방금 동료가 물어본 질문이 언젠가 들어봤던 이야기 같다거나, 오늘 상사가 부탁한 일이 예전에도 했던 일 같았던 적 없는가?

실제로 대다수의 직장인들은 반복적인 패턴으로 하루하루를 보낸다. 월요일부터 금요일까지 직장과 집을 오가다 주말에 특근하고 나면 또다시 똑같은 월요일이 찾아온다. 일만 하다 일주일이 지나간다고 생각할 수밖에 없다. 영화 속 주인공들은 반복되는 하루에서 벗어나 행복해졌지만, 현실의 우리에게는 여전히 비슷한 하루가 계속된다. 이렇게 똑같은 하루하루를 보내다 어느 날 "매너리즘에 빠진 것 같아."라는 말을 한다. 더 이상 어떠한 발전도 없이 현상유지만 하게 되는 매너리즘mannerism의 순간이 온 것이다.

새로운 일은 하기 싫어

그렇다면 우리는 왜 매너리즘에 빠질까? 뇌는 안정적인 상태를 좋아하고 익숙한 방식대로 행동하려는 관성inertia의 성질이 있다. 나한테 좋은 결과를 가져다주는 행동보다는 편한 행동을 하게 된다는 것이다. 새로운 시도를 하면 더 유익한 결과를 얻을 수 있다는 사실을 알지만, 과거에 했던 익숙한 방식대로 움직이려고 한다.

예컨대, 심각한 심장질환이 발병한 사람은 건강을 위해 식습관이나 생활방식을 바꿔야 한다는 것을 누구보다 잘 안다. 그러나 행동을 변화시키는 것은 너무나도 힘든 일이다. 존스 홉킨스 의대 에드워드 밀러Edward Miller 박사에 따르면 심장에 문제가 생겨 관상동맥 우회로 조성술을 받은 환자의 90%가 수술 후 2년이 지나도 기존의 생활방식을 바꾸지 않았다고 한다.

생명과 직결된 심각한 심장질환을 극복하는 것만큼 중요한 문제가 또 있을까? 그런데도 사람들은 여전히 편하고 익숙한 생활방식을 버리지 못한다. 이유는 바로 효율성을 극대화하려는 뇌의 선택 때문이다. 기존에 하지 않았던 새로운 방법을 고안해내기 위해서는 뇌가 상당한 에너지를 써야 하기 때문에 변화보다는 익숙한 행동을 반복적으로 선택한다.

또한 그 과정에서 뇌는, 자신이 그동안 축적해온 정보와 새로운 정보가 일치하지 않을 경우, 새로운 정보를 버리기도 한다. 운전을 해서 어딘가에 갈 때, 새로운 길이나 덜 막히는 길을 찾아가기보다는 시간이 조금 더 걸려도 평소에 다니던 길, 알고 있는 코스로 가려는 것과 마찬가지다.

이러한 반복은 우리에게 습관이 존재하는 이유이기도 하다. 따라서 우리가 과거에 했던 행동을 그대로 반복하는 것이 순전히 게을러서 그렇다고 판단하기에는 무리가 있다. 변화가 필요한 시점에 과거의 나를 떨쳐내고 싶어도 그것이 마음처럼 쉽지 않은 이유도 마찬가지다. 안정적인 상태를 유지하려는 뇌의 선택 때문에, 우리는 변화와 혁신보다는 똑같은 하루를 반복하게 되는 것이다.

공짜 싫다는 사람 없다

누구나 공짜를 좋아한다. 투자는 조금 해놓고 큰 이익을 바라는 기업도, 착한 일은 조금 하고 많이 칭찬받기를 원하는 어린아이도, 모두 작은 노력으로 큰 대가를 바라는 심리다. 무언가를 얻으려면 그만큼의 대가를 치러야 하는데 대가를 치를 마음가짐이 되어 있지 않은 것이다.

옛날에 중국 요왕이 학자들에게 백성들이 교훈으로 삼을 만한 책을 편찬하라고 명했다. 학자들은 1년 동안 고심하여 책 10권을 만들어 왕에게 바쳤다. 그러나 왕은 먹고살기 바쁜 백성들이 한가롭게 책을 10권이나 볼 시간이 어디 있느냐며 1권으로 줄이라고 했다. 학자들이 1권으로 요약하여 왕에게 바쳤으나, 왕은 글을 잘 모르는 백성들은 1권을 읽는 것도 어려울 테니 1장으로 줄이라고 다시 명했다. 학자들이 1장으로 내용을 줄여서 갔더니 이번에는 1줄로 줄이라고 했다. 학자들은 매우 고통스러워하며 1줄로는 도저히 줄일 수가 없다고 하소연했지만 왕은 물러서지 않았다.

결국 학자들은 10권의 내용을 1줄로 요약하여 왕에게 바쳤다. 왕은 백성에게 교훈을 주는 가장 짧으면서도 깊은 뜻이 담긴 최고의 1줄이라고 극찬했다. 학자들이 1줄로 요약한 말은 바로 "세상에 공짜는 없다."였다.

편하게, 더 쉽게, 내가 들인 노력보다 더 많은 것을 원하는 사례는 주변에서도 흔히 찾아볼 수 있다. '공짜라면 양잿물도 마신다.'는 속담이 있을 정도로, 예나 지금이나 사람들은 공짜라면 어지간히 좋아한다. 거리나 상점에서 무료 시식이나 무료 샘플을 나눠주는 마케팅도 어렵지 않게 볼 수 있다. 우리가 편하고 쉬운 쪽으로 행동하려고 하는 데는 이러한 공짜심리도 한몫한다.

하지만 완벽한 하루를 살기 위해서는 공짜심리를 버려야 한다. 과거의 행동패턴이나 습관을 잘라내고자 한다면 제일 먼저 버려야 할 것이 바로 이 공짜심리다. 담배를 하루에 한 갑씩 피우면서 더 건강해지길 바라는가? 이런 사람을 흔히 도둑놈 심보라고 한다. 어제보다 더 건강한 오늘을 보내고 싶다면, 어제까지 해왔던 습관이나 행동들을 버려야 한다. 그것이 변화의 출발점이다. '단절'이라는 것은 똑같은 하루를 반복하지 않기 위해 반드시 필요하다.

인간은 합리적인 존재가 아니라 '합리화'하는 존재

인간은 욕구를 지닌 존재다. 미국의 사회심리학자 매슬로우는 욕구 5단계설로 인간행동의 동기를 설명했다. 인간이 태어나서부터 느끼는 가장 기본적인 욕구는 식욕, 수면욕 등의 생리적인 욕구인데, 이 욕구가 채워지면 순간적으로는 행복하지만 여기서 끝이 아니다. 상위의 욕구가 우리를 자극한다. 주거나 의복 같은 안전의 욕구가 충족되면, 남들에게 인정받고 사랑받고 싶어 하는 사회적 욕구가 생겨난다.

그런데 모든 욕구를 충족시켜도 허전함을 느끼는 이유는, 자기실현의 욕구가 충족되지 않았기 때문이다. 매슬로우의 욕구 5단계설에 따르면, 인간은 생리적 욕구를 채워가며 상위의 욕구를 지향해간다고 한다. 건강한 성장을 이뤄나가면서 행복을 꿈꾸는 것이다.

하지만 지금 우리는 상위의 욕구를 단계적으로 채워가며 행복해하고 있을까? 현실에서는 그렇지 못한 것 같다. 너무 많은 사람들이 생리적 욕구나 안전의 욕구, 사회적 욕구에서만 머무르고 있다. 더욱이 자신이 만족해야 할 욕구수준을 잘못 설정한다. 자신의 현재 상태에 맞게 욕구수준을 정하는 것이 아니라, 타인과 비교해서 정하느라 스트레스를 받는다.

실제로 우리나라 성인의 행복지수는 143개국 중에 118위라고 한다. 대부분의 성인들이 행복하지 않다고 느끼는 듯하다. 불안감이나 스트레스, 우울증은 해가 갈수록 많아진다. 우리나라 사람들은 왜 이렇게 행복지수가 낮을까? 연구결과에 따르면 타인과 비교하는 성향이 강하기 때문이라고 한다. 다시 말해서, 나보다 더 상위의 욕구를 충족시키고 있는 타인을 보면 경쟁심을 느끼고 괴롭다는 것이다.

만약, 자신의 욕구를 충족시키기 위해 새로운 도전이나 변화를 시도해 결국 성공해냈다면 그 사람은 행복할 것이다. 그러나 대부분의 사람들이 자신이 원하는 욕구수준을 충족시키지 못하고 있기 때문에 행복하지 않다고 느낀다.

변해야겠다고 다짐하다가도 어느새 흐지부지해지는 경우가 많다. 새로운 것에 도전하기에는 너무 많은 노력이 필요하고, 설령 열심히 노력하더라도 실패할지 모른다는 두려움이 있다. 만약 진짜 실패했을 경우 그것을 극복할 자신이 없다는 생각도 든다. 이 모든 상황들 때문에 '어차피 잘 안 될 것이니 불필요한 노력은 하지 말자.'고 스스로 한계선을 정해버리고 '나는 나약하다.'라는 결론을 내려버린다. 그리고 나와 달리 멋진 인생을 살아가는 사람들은 특별한 사람들이고 천운을 타고났다고 생각한다. 그런데 그들의 인생을 부러워하지만, 정작 자신의 삶이 현재상태에서 크게 벗어나는 것은 원치 않는다. 자기합리화를 하며 지금의 상황에서 자신을 방어하는 것이다. 인간은 이렇게 나약한 존재다.

많은 직장인들은 지금 하는 일이 적성에 맞는지, 계속하는 게 옳은지, 실무경험과 학업, 유학 사이에서 갈등하기도 하고, 새로운 직무경험과 조건이 더 좋은 직장으로 이직하길 꿈꾼다. 하지만 끝없이 고민만 할

뿐 쉽게 결정하지는 못한다. 정해진 패턴대로 돌아가는 일상의 편안함에 자기합리화라는 방어막을 쳐버리기 때문이다. 어차피 노력해도 안 될 것 같고, 이 사회의 시스템이 너무 불평등하고 불합리해서 나는 절대 성공하지 못할 것 같다. 노력하기 싫어하는 자신의 비겁한 마음을 이렇게 변명한다.

지금 우리에게 중요한 것은 자신을 객관적으로 바라보고 현재 자신이 매너리즘에 빠져 있다는 사실을 인지하는 것이다. 과제를 받으면 마음속에서 불만부터 올라오지는 않는지, 최근 근태가 어떠한지, 하루하루 간신히 버티며 휴일이나 월급날만 바라보고 있지는 않은지 등 스스로를 평가해봐야 한다. 예전에는 이러지 않았는데 하루하루를 그저 그렇게 살아가고 있다면, 어서 탈출해야 한다.

매너리즘은 어떻게 극복해야 할까? 방법은 사람마다 천차만별이다. 현실을 잠시 잊고 책이나 영화를 통해 다른 사람의 삶을 대신 경험함으로써 매너리즘을 극복하는 사람, 직장을 그만두고 홀연히 여행을 떠나는 사람, 전혀 새로운 인간관계를 만들어 신선한 자극을 받으려는 사람도 있다. 방법은 다르지만 결국 기존의 사고나 행동을 '단절'시킨다는 공통점이 있다. 과거의 자신을 '단절'하겠다고 결단을 내린 것이다.

성공은 결단을 내리는 자의 것이지,

무슨 일이든지 망설이고 저울질해보는 자에게는

돌아오지 않는 법이다.

_네루

현재는
막막하고
미래는
두렵다?

많은 사람들에게 미래는 기대보다 두려움이 더 크다. 한 취업 포털에서 '청춘, 가장 버리고 싶은 고민은?'을 조사했더니, 20대 대학생부터 30대 직장인까지 공통의 1위가 '두려움'이었다고 한다. 취업준비생은 원하는 직장을 구하지 못할까 봐 두렵고, 직장인들 역시 미래를 생각하면 마음이 조급해진다. 내 집 마련과 육아 비용 때문에 돈을 모으기는커녕 현상유지도 어려운 형편이라고들 한다. 뿐만 아니라, 강한 상대와의 경기를 앞둔 운동선수, 준비해둔 노후자금이 없어서 불안한 중장년층, 종교와 이념 때문에 대치 중인 분쟁국 사람들, 심지어 현재가 행복한 사람도 그 행복이 깨질까 봐 두렵다.

감정은 우리의 태도와 행동에 많은 영향을 끼친다. 불안이나 분노, 우울 등 소위 '부정적'이라고 분류되는 감정은 집중력을 떨어뜨리고 올바른 의사결정을 방해한다. 그리고 스스로를 의심하게 만든다. '내가 잘하는 것은 무엇일까?', '나는 또 실패하게 될 거야.', '나는 왜 살까?', '나는 행복하지 않다.' 같은 말로 자신을 괴롭힌다. 이러한 부정적인 감정에 사로잡히면 점점 위축되고 매사에 주저하게 된다. 때문에 무엇을 하든 완전히 몰입할 수가 없다. 학생은 성적이 오르지 않고, 직장인은 목표한 성과를 내지 못한다.

이런 상황을 잘 설명한 사람이 바로 프랑스의 약사이자 심리치료사인 에밀 쿠에Emile Coué인데, 그는 자기암시의 원리를 책으로 썼다. 인간은 의식과 무의식의 두 가지 자아를 가졌다. 무의식은 '상상'을 통해서 나타나는데, 문제는 의식이 원하는 바가 있어도 부정적인 상상을 계속하면 의식은 그 부정적인 상상을 절대로 이길 수 없다는 것이다. 그래서 의지와 상상이 싸우면 예외 없이 상상이 승리한다. 실제로 나도 모르게 "잘 안될 것 같은데.", "이번 일은 왠지 실패할 것 같아." 같은 부정적인 상상이 머릿속에 침입하면 의식까지도 그 부정적인 상상을 따라간다.

두려움, 좌절, 불안, 방황…. 이 모든 것은 부정적인 상상을 계속해서 만들어내는 일종의 자기암시다. 이러한 자기암시 때문에 우리는 미래가 불안하고 막막하고 두렵다.

왜 미래가 이토록 두려운 걸까? 취업 전쟁, 무한경쟁, 금융위기, 저성장 등 사회 전반적인 환경도 영향을 미치지만, 여기서는 환경이 아닌 개인의 본질적인 원인에 대해 알아보자.

예측할 수 없는 것은 불안한 게 당연하다

미래의 어느 시점에 나는 어떤 모습으로 무슨 일을 하고 있을까? 미래의 내 모습을 정확히 알지 못하면 두려움이 커진다. 물론 미래는 누구도 알 수 없다. 따라서 예측이나 상상 정도로만 가늠할 수밖에 없고, 그러면 오늘 하루가 당연히 불안할 수밖에 없다. 오늘 무슨 일을 해야 하는지,

어떻게 살아야 하는지 알 수 없으니까.

부모님이나 친구로부터 "오늘 시험 어떨 것 같아?"라는 질문을 받은 두 학생이 있다고 가정해보자. 그런데 A는 어떤 과목을 시험 보는지 몇 문제가 나오는지 아무것도 모른다. 반면 B는 시험 범위, 유형, 시간 등 시험에 관한 정보를 모두 알고 있다. 당연히 A가 B보다 시험을 두려워할 것이다. 그 무엇도 예측할 수 없기 때문이다.

만약 월급을 예측할 수 없다면 어떨까? 어떤 달은 200만 원, 어떤 달은 10만 원, 심지어 어떤 달은 한 푼도 받지 못한다면 어떨까? 당연히 하루하루가 불안할 수밖에 없다. 자금계획을 세울 수도 없고, 퇴근 후에 동료와 술 한잔하는 자리도 마음이 편치 않을 것이다. 자신의 한 달 수입을 예측할 수 없다면, 무엇을 해도 걱정이 앞선다. 정확한 액수는 아니어도 평균적으로 어느 정도인지 예측할 수 있어야, 자금계획을 세우든지 부족하면 다른 일자리를 구하든지, 오늘 무슨 일을 해야 할지 정할 수 있다. 마찬가지로 5년 후 나의 모습을 예측할 수 있어야 오늘 어떤 일을 하는 것이 나에게 중요한지 판단할 수 있고 미래가 두렵지 않다.

나 지금 제대로 가고 있니?

나는 평소에 입던 바지가 작아진 것 같으면 다이어트를 결심한다. 나도 모르는 사이에 늘어난 뱃살을 빼고 원래의 허리둘레로 돌아가야겠다는 경각심이 들기 때문이다. 그러면 지하철을 탈 때도 에스컬레이터보다는 계단을 이용하고, 강의를 마치고 단 음식이 당길 때 되도록이면 먹지 않으려고 노력한다. 매일 30분씩 걷고, 일하면서 먹던 야식도 줄인다.

그러고 나서 1주일 후에 몸무게나 허리둘레에 변화가 생기면 나의 소소한 노력에 대한 보상이 되니까 다이어트를 계속 이어갈 수 있다. 하지만 먹고 싶은 것도 참고, 힘들어도 계단으로 다녔는데 아무런 변화가 없다면 포기하고 싶은 마음이 벌컥 올라온다. 살을 빼려고 운동을 시작한 사람들이 가장 많이 포기하는 때가 바로 그때다. 운동을 해도 체중이나 체형의 변화가 없다니! 노력에 대한 피드백이 없으니 실망스럽고 화도 난다. 비단 운동만이 아니다. 우리는 무언가를 얻기 위해 노력할 때, 그 노력에 대한 보상이나 진척상황을 체감하지 못하면 그만두고 싶어진다.

다이어트를 하는 사람은 몸무게나 허리둘레라는 기준이 있어 다이어트가 제대로 되고 있는지 아닌지에 대해 피드백을 받을 수 있다. 그런데 만약 계획이 제대로 실행되고 있는지 아닌지에 대한 판단기준이 없으면 어떻게 될까? 아무 결론 없이 흐지부지 끝나버리거나, 타인의 기준에 맞춰 판단하게 된다. 그런데 타인의 기준에 맞추다 보면 내가 원하는 하루를 살 수가 없다.

내가 잘하고 있는지 점검하기 위해서는 나만의 판단기준을 세우는 것이 중요하다. 그 기준으로 자신이 잘했는지, 부족했는지를 판단하는 피드백 행동은 우리 뇌에 노력에 대한 적절한 보상활동이 된다. 신기하게도 우리의 뇌는 노력에 대한 적절한 보상이 이루어지면 스스로 동기부여 할 수 있는 힘을 만들어낸다.

잠재적인 소질이 충분한 선수인데도 감독이 피드백이나 동기부여를 잘해주지 않으면 그 선수는 좋은 성적을 낼 수 없다. 분명 세계적인 수준의 기량을 펼칠 수 있는데도 국내 수준에서만 머무르고 만다. 이런 선수가 추후에라도 자신의 기량에 대해 꼼꼼히 피드백을 해주는 감독을 만나면 제대로 된 훈련을 받고 세계적인 선수로 성장할 수 있다. 이처럼 피드백 시그널을 제때 제대로 받는 것은 매우 중요하다. 아무리 열심히 훈련해도 무엇이 잘못되었는지, 어떻게 개선하면 좋을지 피드백을 받지 못한다면, 선수들은 불안할 수밖에 없다.

내가 S건설에서 직장생활을 할 때 한 후배가 이렇게 말했다.

"선배님, 저는 볼링에는 소질이 없는 것 같아요. 공으로 하는 운동은 웬만해선 다 잘하는 편인데 볼링은 아무리 해도 안 돼요."

그래서 퇴근 후에 그 후배를 포함해서 다른 동료들과 함께 볼링장을 찾았다. 후배가 볼 던지는 것을 몇 번 보니 왜 소질이 없다고 했는지 금세 알 수 있었다. 나는 볼링을 잘 치는 편은 아니지만, 남들이 하는 것을 보고 뭐가 잘못됐는지는 잘 찾아낸다. 후배는 발의 스텝과 팔의 각도가 엉망이었다. 그런 엉거주춤한 자세로 볼을 던지니 제대로 핀을 맞출 수가 없었던 것이다. 더욱이 후배는 그동안 자기 부서 후배들과 재미로 볼링을 쳐왔기 때문에 자세를 제대로 봐주는 사람도 없었다. 내가 후배의 자세를 조금 과장되게 따라 하며 잘못된 자세를 먼저 보여주고 그다음에 바른 자세를 보여주었더니, 후배는 금방 점수가 올랐다.

사실 이런 시행착오는 흔하다. 대부분의 사람들은 제대로 된 피드백만 받으면 더 잘할 수 있는데, 그렇지 못해서 스스로를 '운동에 소질이 없는 사람', '음악적 감각이 둔한 사람'으로 취급한다. 잘하든 못하든 피드백을 받을 기회가 생기면 더 잘할 수 있는 방법을 알게 되고 그로 인해 동기부여가 되면 미래가 막연하거나 두렵지는 않을 것이다. 어떻게 준비하면 좋을지 방향이 보이기 때문이다.

사실, 두려운 것은 미래가 아니라 현재

'과거를 알고 싶으면 현재를 보면 되고, 미래가 궁금하면 현재를 보면 알 수 있다.'는 말이 있다. 현재가 두려우면 미래도 두려워진다. 예를 들어 이런 것이다. 일본이나 뉴질랜드처럼 지진이 자주 발생하는 나라들은 건물을 지을 때 기초공사에 많은 시간을 투자한다. 지진에 대비해 건물을 튼튼하게 지어야 하기 때문이다. 같은 강도로 지진이 발생해도 이처럼 건물을 튼튼하게 지은 나라 사람들은 그렇지 않은 나라 사람들보다 불안감이 적을 것이다. 미리 대비를 해왔으니까 말이다.

우리나라도 지진에 안전한 나라는 아니지만 대부분 납기에 맞추어 건물을 짓느라 제일 중요한 기초공사를 대충 하는 경우가 많다. 기초공사에서 시간이 지체되면 전 공정에 차질이 생기기 때문이다. 이것은 훗날 여러 대형사고의 결정적인 원인이 되기도 한다. 알다시피 그러한 사례들은 다 열거할 수 없을 만큼 많았다.

직장에서 좋은 성과를 바라는 것은 누구나 마찬가지다. 하지만 그러기 위해서는 업무를 통해 기대하는 결과물을 명확하게 목표로 세우고, 목표에 영향을 미치는 환경과 역량요인들을 파악하여 실현가능한 목표수준을 정한 다음 목표달성에 결정적인 영향을 미치는 과제들을 실행해 나가야 한다. 그런데 대부분의 직장인들은 목표를 설정하고 현장을 분석하고 전략을 수립하고 실행계획을 치밀하게 짜는 기초공사는 대충하고, 좋은 성과만 기대하는 경우가 많다.

연간성과를 원한다면 분기성과, 월간성과, 주간성과, 하루성과가 역순으로 치밀하게 연계되어 있어야 한다. 하루가 없으면 1주일이 없고 1주일이 없으면 한 달이 없고 1년도 없다. 오늘 하루를 튼튼하게 짓지 못하면 미래가 두려울 수밖에 없다.

현재에 충실하지 않기 때문에 미래가 불안한 것이다. 현재와 미래는 연속선상에 있기 때문에 현재를 충실하게 살지 않는 사람들은 나중에 보상받을 게 없다. 그러니 미래에 대해 기대도 없고, 아예 오지 않기를 바라기도 한다.

그런데 더 큰 문제는 지금 해야 할 일이 무엇인지조차 모르는 것이다. 지금 하는 일들은 당장 오늘을 위한 것도 있지만 미래를 대비하기 위한 일도 있다. 그런데 그것이 무엇인지조차 모르니 미래가 막연하고 두려울 수밖에.

지금 해야 할 일이 무엇인지는 모르지만, 어쨌든 미래에 대한 두려움을 떨쳐버리고 싶을 때 어떻게 해야 할까? 지금 뭐라도 해야 다가올 미래가 그나마 두렵지 않다고 생각하여 무엇이든 닥치는 대로 한다. 뭐라도 열심히 하면 아무것도 안 하는 것보다는 나을 것 같으니까. 그런데 이런 식으로 하루를 살면 피곤하기만 하고 기대와 달리 미래에 남는 것이 별로 없다. 오히려 열심히 한 것에 대한 보상이 적절히 돌아오지 않으면 자신감은 더욱 추락하고, '나는 열심히 해도 안 되는 사람인가 봐.'라며 실망하고 자책한다.

실제로 한 설문조사에서 성인남녀 2,000여 명에게 '왜 자기계발을 합니까?'라는 질문을 했다. 1위는 바로 '미래에 대한 불안감'이었다. 무려 33%였다. 방향도 정하지 않은 채 막연한 불안감을 떨쳐내려고 자기계발을 하게 되면, 어느 순간 무의미함을 느끼고 쉽게 중단할 수밖에 없다. 막연한 두려움 때문에 잘못된 선택을 한 것이다.

그렇다면 현재 해야 할 일은 무엇일까? 일찍이 경영의 대가 피터 드러커는 "계획이란, 미래에 관한 현재의 결정이다."라고 했다. 우리가 미래를 계획하는 것은, 미래에 무엇을 할지가 아니라 지금 무엇을 해야 할지 결정하기 위해서가 아닐까? 나만의 인생 방향이 명확하면 미래가 두렵지 않다. 어두컴컴한 산속에서 길을 잃어도 북극성을 보고 방향을 찾는 것처럼, 고난이나 역경으로 인해 잠시 주춤하는 순간이 와도 나만의 방향이 또렷하면 다시 힘을 낼 수 있다.

시험을 앞둔 학생의 마음과 비슷하다. 준비를 잘한 학생은 시험 보는 그 순간을 즐길 수 있고 성적표가 나올 때도 두렵지 않다. 반대로 준비를 제대로 하지 못한 학생들은 성적 발표일이 두려울 수밖에 없다. 인생도 마찬가지다. 미래에 대한 방향이 명확하고 하루하루를 제대로 사는 사람들은 나이가 들수록 더욱 성장하는 자신의 모습을 기대할 수 있지만, 그렇지 않은 사람은 미래가 두려울 뿐이다.

물론 방향이 명확하지 않은데도 미래를 별로 두려워하지 않는 사람이 있을 수 있다. 그런데 오히려 그런 사람은 경계해야 한다. 미래에 대해서 막연한 낙관주의에 빠져 있거나 아예 고민조차 해본 적 없기 때문이다. 될 대로 되라는 식이다.

우리가 미래를 두려워하는 것은 어쩌면 자신에 대해 관심이 많고, 어떻게 살 것인가에 대한 고민이 많기 때문일 것이다. 그러니 막연한 두려움을 너무 부정적으로만 생각하지 말고 그런 고민을 하고 있는 현재에 감사해야 할 것이다. 어떻게 살아갈 것인가에 대한 철학, 목표를 고민하면 미래에 대한 두려움은 사라진다.

어디로 가고 있는가?

그곳에 도달하기 위해 오늘 무엇을 했는가?

_토머스 헨리 헉슬리

바쁘게 사는 게
제대로
사는 것은
아니다

가끔 '오늘 도대체 뭐했지?', '한 것도 없는데 하루가 왜 이렇게 빨리 지나갔지?'라고 생각한다. 쉴 새 없이 바쁘게 그리고 열심히 살았는데, 막상 돌이켜보면 도대체 오늘 뭘 했는지 기억도 안 난다. 상식적으로 손발이 바빴다면 무언가 남아야 하는데, 남은 게 없으니 더 허전하다. 그래도 열심히 살았으니까 괜찮다고 스스로를 위로하고 싶어도, 왠지 허탈하다.

배가 고프면 음식을 먹어 허기를 달래지만, 이러한 마음의 허전함은 무엇으로 달래야 할까? 삼시 세끼가 육체의 건강을 지키는 가장 기본적인 힘을 주는 것처럼, 하루를 뜻깊고 뿌듯하게 보내게 해주는 가장 기본적인 힘은 '하루목표'에서 나온다. 즉, 우리의 정신적 건강은 목표가 있느냐 없느냐에 달려 있다. 목표가 있는 사람은 하루라는 시간을 발전과 성장의 기회로 삼는다. 어제보다 더 나은 오늘을 보낸다면 그것보다 더 기쁘고 만족스러운 것이 없다.

세계적인 발레리나 강수진의 맨발 사진이 회자된 적 있다. 한때 박지성 선수와 김연아 선수의 발도 이슈였다. 그들의 발 사진을 보면 상처투성이인 데다 뼈마디가 일그러져 보기만 해도 굉장히 고통스럽다. 나도 처음에는 안쓰럽고 불쌍하게 느껴졌지만, 보면 볼수록 세상에 그 어떤 발보다 아름다워 보였다. 그 이유는 바로, 그들에겐 목표가 있었고 그 목표를 이루기 위해 노력한 하루하루가 그 발에 담겨 있기 때문이다. 목표가 있는 사람들은 고통을 이겨낼 힘이 있다. 세계적인 선수들은 그 목표를 정신적 지주 삼아 스스로 무너지지 않도록 지켜냈을 것이다.

바쁘게 사는 것도 중요하지만, 목표가 있어야 '완벽한 하루'를 살 수 있다. 노력과 목표, 둘 중에 하나라도 없으면 하루는 허무하게 무너져버린다. 아마도 이 책을 선택한 독자들은 평균 이상으로 열심히 사는 사람들일 것이다. 내가 강의와 컨설팅을 통해 만난 수많은 직장인과 학생, 학부모들 역시 각자의 자리에서 최선을 다해 살아가고 있었다. 하지만 아무리 '최선을 다해'도 만족스럽지 않은 이유가 뭘까? 그 원인을 3가지로 나누어보았다. 원인만 제대로 파악해도 마음이 한결 가벼워질 것이다.

과녁 없이 화살 쏘는 무적방시의 나날

'무적방시無的放矢'라는 말이 있다. '과녁 없이 화살을 쏜다.'는 뜻이다. 과녁 없이 화살을 쏘면 그 화살은 어디로 갈까? 과녁이 없는데 화살을 쏘아본들 무슨 소용일까? 100m를 날아가든, 10m 앞에서 떨어지든, 그리고 오른쪽으로 가든, 왼쪽으로 가든, 아무 상관없다. 처음부터 맞추고자 하는 과녁이 없었으니까. 몇 번 하다 보면 재미도 없고 힘만 빠진다.

우리의 하루도 마찬가지다. 반드시 이뤄내고자 하는 정확한 과녁이 없으면 아무리 바쁘게 뛰어다녀도 의욕이 생기지 않는다. 몰입할 수도 없고 열정을 발휘할 수도 없다. 그런데 많은 사람들이 '무적방시'로 하루하루를 보내며 그저 열심히 돈을 번다. 누군가에게는 돈을 많이 버는 것이 목표가 될 수도 있겠지만, 하루하루가 점점 시들해지고 돈 버는 재미마저 없어진다면 문제가 있다. 돈 버는 것이 진정으로 원하는 목적, 즉 '과녁' 이 아니라는 뜻이다.

하루목표가 없으면 이것도 중요해 보이고 저것도 중요해 보여서, 스스로 감당하기 벅찰 정도로 여러 가지 일을 동시에 벌인다. 그렇게 일이 많아지면 당연히 몸과 마음이 지친다. 시간과 자원은 한정되어 있으니 물리적으로 달성이 불가능해진다.

하루목표를 정하지 않는 사람들은 2가지 유형으로 나눌 수 있다. 먼저, 하루목표를 세우는 것 자체가 시간낭비라고 생각하는 유형이다. 이들이 가장 중요하게 생각하는 것은 한 해의 목표나 계획이라서, 큰 그림, 아웃라인outline만 준비한다. 목적지만 정확하면 되지 가는 방법까지 자세할 필요는 없다고 생각하기 때문이다. 만약 무슨 일이 생기면 상황에 맞춰 필요한 자원이나 계획을 유동적으로 관리할 수 있다고 과신한다.

하지만 이러한 사람들은 자원을 비효율적으로 사용할 수 있는 위험성에 대해 알아야 한다. 시급해 보이는 일을 먼저 처리하다가 별로 중요하지 않은 일에 생각보다 많은 시간을 써버릴 수 있고, 하루를 정신없이 쓰다 보면 쉽게 지쳐버릴 가능성도 크다.

그리고 또 다른 유형은 하루목표를 세우는 것 자체가 어려워서 시도를 못하는 사람들이다. 하루목표가 최종 목표의 밑거름인 것은 알지만, 평소에 목표를 세우는 데 능숙하지 않아서 어려워하는 경우다. 이러한 사람들은 하루목표를 세우는 방법을 이해하고 습관화하는 연습을 하면 된다.

지금까지 그냥 주어진 시간에 최선을 다해 살아왔다면, '오늘 이것만큼은 꼭 이루겠다.'는 한 가지를 정해보라. 맞추고 싶은 과녁을 정해놓고 화살을 쏘는 '유적방시有的放矢'의 하루를 살아보라는 말이다. 거창한 것이 아니어도 좋다. 작은 일이어도 자신에게 중요한 일이라면 스스로를 동기부여 하는 데 큰 도움이 될 수 있다. 하루에 한 가지 목표를 정하고 그것을 반드시 달성하겠다는 의지로 실행해나가면, 그리고 그렇게 쌓이는 하루하루가 모이면 의미 있는 인생이 된다.

이건 모두 사회 탓, 환경 탓이야

무언가를 열심히 하긴 했는데 딱히 성과가 없다면, 보통 어떤 생각을 할까? '나는 별로 잘못한 게 없고, 최선을 다한 것 같은데 무엇이 문제였지?' 하고 스스로에게 묻는다. 그런데 우리는 외부의 핑계거리를 먼저 찾고, '내'가 아니라 '너' 때문에 그렇게 되었다고 결론짓는다. 물론 내가 잘했는데, 외부의 어떠한 요인 때문에 실패할 수도 있다. 그런데 문제는 너무 쉽게 자신을 피해자로 규정한다는 점이다. 우리는 왜 자신을 피해자로 만들까?

이유는 간단하다. 남에게 책임을 돌려버리면 내 잘못이 없어지기 때문이다. 예를 들어 '내 인생이 망한 것은 부모님 때문'이라고 규정해버리면 나의 잘못은 사라지고 부모님의 잘못만 남는다. 그때부터는 원망의 화살이 부모님에게 돌아가고 평생 미워하게 된다.

살다 보면 내가 컨트롤할 수 없는 환경적인 제약 때문에, 원하는 대로 안 풀리거나 계획했던 것보다 더 많은 노력과 시간을 투자해야 하는 경우가 있다. 내가 아무리 열심히 공부해도 담당 교과목 선생님이 정말 못 가르친다거나, 중요한 미팅이 있는데 시내 한복판에서 시위대를 만나 어쩔 수 없이 늦을 수도 있다. 이런 일은 내가 아무리 노력해도 바꿀 수 없는 불가항력적인 일 같아서 분노, 고통, 피로감, 절망감을 느낀다. 하지만 이 모든 것이 정말 환경 때문이고 다른 사람 때문일까? 그렇다면 그냥 당하고 있어야만 할까?

주말에 사랑하는 사람과 기념일을 근사하게 보내기 위해 가장 비싸고 멋진 옷을 입고 집을 나섰다고 치자. 그런데 약속장소로 가는 중에 소나기를 만났다. 우산도 없고 피할 곳도 없어 소나기를 쫄딱 맞았고, 애써 차려입은 옷매무새가 엉망이 되었다. 당연히 기분이 좋을 리 없다.

그렇다고 해서 하늘에 대고 "다 너 때문이야!"라고 짜증을 내는 사람이 있을까? 소나기는 내가 통제할 수 없지만, 피해를 최소화할 수 있는 대처는 얼마든지 가능하다. 중요한 약속이니 일기예보를 미리 확인한다거나, 가까운 가게로 뛰어가 우산을 사서 쓰면 된다.

오늘은 아무것도 안 하고 싶다

위와 같은 사례는 일상생활에서 다양하게 찾아볼 수 있다. 사람은 갑작스런 환경변화에 대응할 수 있는 능력이 있기 때문에, 환경 탓만 하기보다는 어떻게 대응할 것인가를 고민하는 것이 더 생산적이다. 만약 인간에게 그런 능력이 없었다면 지금과 같은 발전은 꿈도 꾸지 못했을 것이다. 그뿐 아니라 오늘날처럼 하루가 다르게 변하는 세상에서 살아남지도 못했을 것이다.

냉정하게 말해, 모든 일을 환경 탓으로 돌리는 것은 아주 위험하고 무서운 자기합리화다. 자신의 부족함을 외면하기 위한 부정적인 탈출구일 뿐이다. 문제의 원인이 주변 환경에 있다면, 그들이 바뀔 때까지 기다려야만 한다. 하지만 그들이 바뀔 가능성이 얼마나 될까? 주변 사람들이 나에게 맞춰주기를 바라는 것은 지극히 이기적인 욕심일뿐더러 그렇게 될 가능성도 거의 없다. 어차피 모든 것은 나의 선택과 결정이다.

나는 원래 안 돼

환경을 탓하지 않는 사람이라면, 자기 자신을 탓할 가능성이 높다. 문제의 원인을 자신에게서만 찾으려고 하는 것이다. 자신에게서 원인을 찾는 행동 자체가 나쁜 것이 아니다. 하지만 지나치게 '내가 능력이 부족해서', '내가 너무 몰라서', '내가 하는 일이 다 그렇지' 하면서 자신을 비하하고 자책하는 것은 문제다.

자기 탓이 아닌 일까지도 책임을 떠맡으려는 사람들이 우리 주위에는 꽤 많다. 사회생활을 하면서 자책하는 것이 미덕이라고 교육받아왔기 때문이다. 우리는 흔히 그런 부류를 '착한 사람'이라고 부른다. 자신의 잘못을 솔직하게 인정하거나, 구성원들의 잘못을 스스로 책임지고 사죄하면서 다시 조직을 하나로 뭉치게끔 하는 모습은 어른스럽고 멋지기도 하다.

하지만 도가 지나치게 무조건 자기 탓이라는 사람들이 있다. 분명히 다른 사람의 탓인데도 불구하고 말이다. 이런 사람들 역시 아무리 열심히 살아도 하루가 만족스럽지 않다. 이런 사람은 타인을 불쾌하게 만들지는 않지만, 필요 이상으로 자기를 낮춰 문제의 원인을 제대로 분석하지 못한다. 실패가 반복될 수밖에 없다. 문제의 원인을 분석해서 다시는 같은 문제가 발생하지 않도록 예방하는 논리적인 과정을 모두 생략해버리기 때문이다.

'모두 내 잘못이야.', '나란 사람은 원래 부족해.'라고 스스로를 초라하게 만들 필요는 없다. 모든 것을 비관적으로 생각하기보다는 문제의 직접적인 원인들을 찾아야 한다. 하루를 정말 바쁘게 살아도 허탈해지는 또 다른 이유는 하루 동안 감당할 수 없는 목표, 과도한 목표를 세웠기 때문일 가능성이 크다. 자신에게 지나치게 엄격하고 자책하길 좋아하는 사람은 2~3일은 해야 달성할 수 있는 목표를 설정해놓고 자신을 몰아붙인다.

하루 이틀 정도는 억지로, 무리해서 달성할 수도 있다. 하지만 이런 목표는 3일 이상 지속될 수 없다.

하루목표를 나의 수준에 맞게 설정하려면 스스로에 대한 분석이 필요하다. 나의 능력이나 역량은 어느 정도이고, 몰입이 잘되는 시간이 아침인지 저녁인지를 파악해두는 것도 효율적이다.

무조건 많은 일을 하지 마라. 무작정 열심히 살지도 마라. 지금 당장은 부지런하고 열심히 사는 자신이 대견스럽고 뿌듯하겠지만, 목표 없는 뿌듯함은 오래가지 못한다. 성취감은 목표 대비 결과를 통해서 느낄 수 있는 것이기 때문에 결과가 눈에 보이지 않으면 금방 지치고 허무해진다. 따라서 오늘 꼭 달성해야 할 목표를 하나만 정해서, 그 목표에 완전히 몰입해 성취해내라.

무조건 남 탓도, 무조건 내 탓도 하지 마라. 내가 겪고 있는 문제를 객관적으로 분석해 정확한 원인을 찾아내야 한다. 엄밀히 말해 하루목표가 있는데도 그것을 달성하지 못한다면, 그 이유는 환경 탓이 아니라 목표 그 자체가 문제일 가능성이 크다. 환경적인 요소를 감안하지 않고 목표를 세우면 실패할 수밖에 없는 목표를 향해 힘들게 달리는 것과 같다. 하루 종일 아무리 열심히 달려도 결과는 참패다. 무언가를 탓할 수밖에 없는 목표를 세우기보다는 '달성할 수밖에 없는' 목표를 세우고 하루하루 천천히 이루어나가자.

우선 무엇이 되고자 하는지

자신에게 말하라.

그러고 나서 할 일을 하라.

_에픽테토스

누구보다 열심히 사는데, 내 마음 같지가 않네

시간표 집착형
vs.
나침반 집중형

현대인이 가장 중요하게 여기는 것 1위가 바로 '시간'이다. 학생들은 놀 시간이 없고, 주부들은 여가시간이 없고, 직장인들은 운동할 시간은 커녕 잠잘 시간도 없다며 아우성이다. 직장생활을 하면서 자격증 시험을 준비하는 사람을 만난 적이 있는데, 그는 부족한 시간을 아껴 쓰기 위해 공부할 때 스톱워치로 시간을 체크한다고 했다. 돈은 안 쓰면 가만히 있지만, 시간은 안 써도 그냥 흘러가버리니 항상 부족할 수밖에 없다.

그래서 요즘은 시간관리를 얼마나 잘하느냐가 경쟁력으로 인정받는다. 서점의 자기계발서 코너에 가보면 변함없이 자리를 지키는 주제 중 하나가 바로 '시간관리'다. 한정된 시간을 어떻게 잘 쪼개서 관리하고 사용할 것인가가 핵심인데, 낭비되는 시간은 줄이면서 가장 급하고 중요한 일부터 하는 방법들을 배울 수 있다.

그런데 문제는, 평상시에는 시간이 많은 것 같다가도, 막상 무얼 하려고 마음먹으면 항상 시간이 부족하고 하루가 짧게 느껴진다는 것이다. 시간관리 책이 알려주는 대로 10분, 30분 단위로 시간을 쪼개어 더 알뜰하게 써보려고 해도 늘 시간이 부족하다. 왜 시간은 항상 부족할까?

공급보다 수요가 많았기 때문이다. 하루는 24시간뿐인데 우리는 항상 그보다 많은 시간이 필요하다. 더군다나 시간을 잘게 쪼개 쓰다 보면 할 일이 더 많아지고 그로 인해 결국 시간이 더 부족해진다. 시간을 알뜰하게 쓰려고 시간관리를 시작했지만, 아이러니하게도 시간이 더 모자라다. 그런데도 우리는 시간관리를 잘못해서 시간이 부족한 것이라고 자책하고 시간관리를 잘하는 방법을 익히려고 더욱 열을 올린다.

생각해보면 우리는 어릴 때부터 시간관리를 해왔다. 초등학생 때 방학식날 '하루 생활계획표'를 작성했다. 동그란 시계모양으로 24시간을 쪼개어 하루일과를 계획한다. 그러다 옆자리 친구의 계획표가 내 것보다 더 빽빽하면 괜히 경쟁심리가 생겨서 10분, 20분 단위로도 나눠본다. 다 완성된 계획표를 보면 왠지 뿌듯해진다. 하지만 그 시간표대로 방학을 보낸 적이 있었을까? 계획표가 복잡할수록 그것을 지킬 확률은 낮다. 나도 그랬지만, 내 딸과 아들도 마찬가지였다. 아마 대부분의 아이들이 여전히 시간표 지키기를 어려워할 것이다. 그런데 왜 시간계획표는 지키기가 어려운 것일까? 그 이유는 바로 우리가 '시간표'에 집착하기 때문이다.

시간을 목적으로 착각하지 말라

다들 빼곡한 계획표를 짤 때, 어떤 사람은 오늘 꼭 해야 할 일을 하는 시간과 취침시간, 단 두 개의 칸만 그렸다. 시계 모양의 계획표가 텅텅 비어 있는 것이다. 만약 선생님이 봤다면, 장난치느냐고 꾸중할 만한 시간표다. 이 시간표의 주인공은 바로 발명왕 에디슨이다.

토머스 에디슨은 하루 종일 사무실에 틀어박혀 연구에만 매진하는 바람에 조수조차 그를 만나기 어려웠다고 한다. 그가 다른 일은 일절 하지 않은 채 연구에만 집중한 시간은 하루 평균 20시간. 에디슨은 자신의 성공비결로 '한 가지에 모든 에너지를 쏟아붓는 능력'을 꼽았다. 대부분의 사람은 하루 동안 일도 하고 TV도 보고 책도 보는 등 다양한 일을 하지만 에디슨은 단 한 가지 목표를 분명히 세우고 그 일에만 매달렸다.

하루에 단 한 가지 일만 했다고 해서 그가 하루를 잘못 사용한 것일까? 그렇지 않다. 에디슨처럼 자신이 꼭 이루고자 하는 한 가지 목표를 제대로 끝내는 것이야말로 완벽한 하루를 보내는 방법이다. 자신의 목표를 정확히 알고 있다면 시간을 어떻게 써도 좋다. 여기에서 핵심은 시간이 목적이 아니라 수단이라는 것이다.

잘못된 '시간관리'는 시간 자체가 목적이 되어버린다. 24시간을 잘게 나누고 그 사이에 해야 할 일들을 의무적으로 적는 것이다. 많은 학생들이 방학생활 계획표를 실천하지 못하는 이유도 바로 이것이다. 시간이라는 수단을 이용해서 목적을 어떻게 달성할까가 아니라 시간표의 비어 있는 칸들을 무엇으로 채울지 고민하기 때문이다.

'시간표'를 채우기 전에 '나침반'을 먼저 봐야 한다. 시간표는 약속, 활동 등 시간을 관리하는 일종의 수단이자 방법이다. 그러나 나침반은 내가 가고자 하는 방향, 내가 반드시 이뤄야 할 목표다. 우리가 하루 동안

하는 모든 일들은 저마다 가치의 무게가 다르다. 가치의 무게는 방향성에 의해 결정된다. 그냥저냥 바쁘게만 살면 하루의 가치는 가벼워진다. '시간표'를 채우기 전에 '나침반'을 먼저 보라는 것은, 얼마나 빨리 가느냐가 아니라 어디를 향해 가느냐에 대해 먼저 진지하게 고민하라는 뜻이다.

우리가 살아가는 하루는 속도가 아니라 방향의 연속이다. 하루가 지나고 한 달이 지나면서 우리가 서서히 다가가는 그곳이 인생의 모습이 된다. 부산으로 갈지, 강원도로 갈지 정하지도 않은 채 고속도로에서 속도만 내고 있는가? 앞선 차량들을 하나둘씩 추월하는 쾌감은 그때뿐이고 어디까지 왔는지, 목적지까지 얼마나 남았는지 아무것도 모르니 내가 왜 이렇게 빨리 달려야 하는지도 모른다. 그러다 기름이 떨어지면 가까운 주유소가 어디에 있는지도 모른 채 고속도로 한가운데서 멈춰버릴 수도 있다.

로마시대 철학자인 세네카의 행복론《인생이 왜 짧은가》를 보면 "인생이 짧은 것이 아니라 우리가 시간을 많이 낭비하고 있는 것이다. 인생은 충분히 길고, 잘 쓰기만 한다면 우리의 수명은 큰일을 해내기에도 넉넉하다."라는 말이 있다.

하루 동안 너무 많은 일을 하려고 하는 것은 오히려 시간을 낭비하는 일이다. 욕심에 눈이 멀어 어디로 가야 하는지를 못 보기 때문이다. 시간을 효율적으로 사용하는 것에 너무 얽매이지 말라. 오늘 하려고 했던 일을 끝냈느냐가 중요하지, 하루 동안 얼마나 많은 일을 해냈느냐가 중요

한 것이 아니다. 내가 원하는 일을 한 가지라도 반드시 끝내는 것이 중요
하다. 그리고 그 일을 끝내기 위한 나의 하루는 충분히 길다.

'비효율적인 성실함'이라는 덫

늦은 시간까지 열심히 했지만 실속 없는 날이 있다. 그런 날은 "뿌
린 만큼 거둔다."는 격언도 무색하다. 그런데 한편으로는 그래도 일단 딴
짓하지 않고 부지런했으니 잘못한 것은 아니라고 스스로 위로한다. 그리
고 이렇게 열심히 했으면 남들도 칭찬해주겠지 하고 생각한다.

우리는 성실성이 최고의 덕목이라고 배워왔다. 직장인은 물론이고
주부나 학생에게도 일종의 강박관념처럼 성실성을 강요한다. 주부에게는
자식을 기르는 것을 '자식농사'에 비유하며 사랑과 관심을 쉬지 말라고 요
구한다. 워킹맘에게도 완벽한 현모양처가 되라고 한다. 학생들에게도 근
면과 성실이 곧 성적이라고 주입한다. 요즘은 근면과 성실에 대한 인식이
많이 바뀌는 추세라지만, 여전히 학교성적은 성실성의 지표다.

그런데 문제는, 그렇게 실속 없음을 경험한 후에도 똑같은 방식을
되풀이한다는 것이다. 마치 '부지런함'이라는 비효율의 덫에 빠져 있는 모
습이다. 우리 사회는 이 비효율적인 성실함에 대해 지나치게 관대하다. 물
론 성실함과 부지런함 자체가 나쁜 것은 결코 아니지만, 비효율까지 강요
하는 것은 다시 생각해봐야 할 문제다.

국내 회사에서 근무하는 외국인 직원들이 꼽은 한국인의 주요 특징 중 하나가 바로 '성실함'이다. 연구개발 분야에서 일하는 한 외국인은, 하루에 얼마나 일했느냐가 중요한 한국의 직장문화를 이해할 수 없다고 했다. 지식산업은 오랫동안 일한다고 해서 생산성이 높아지는 것도 아닌데, 집에도 안 들어가고 일하는 당사자들도 이해가 안 되지만, 그런 문화를 자랑스럽게 여기는 리더들이 더 이해가 안 된다는 것이다. 우리는 왜 이렇게 성실함에 집착할까?

　　반세기 만에 급속한 경제성장을 이루어 낸 우리이기에 성실과 근면은 결코 무시할 수 없는 미덕이었다. 또한 농업적 근면성이 곧 돈이 되는 농경사회의 DNA를 고스란히 물려받은 민족이기에 조금의 시간낭비도 허용하지 않는 하드워킹을 강조해왔다. 하지만 시대가 바뀐 만큼 비효율적인 부지런함은 현실적인 한계에 봉착했다. 투입을 늘린다고 해서 창의성이 보장되는 것은 아니기 때문이다.

　　과거에는 분명히 성실하게 일하면 자연스럽게 눈에 보이는 결과가 있었다. 열심히 벼농사를 지으면 더 많은 쌀을 얻을 수 있었고, 공장에서 남들보다 1시간 더 야근하면 옷을 한 벌 더 만들 수 있었다. 투자하는 시간이 길면 길수록 더 많은 결과가 눈에 보였다. 그러나 지금은 시간을 아무리 많이 투자하고 극한의 고통을 참으며 열심히 해도 원하는 결과를 얻지 못할 확률이 커졌다. 시장이 예전처럼 공급자, 제품 중심이 아니라 수

요자, 가치 중심으로 변해버렸기 때문이다. 무턱대고 열심히 제품만 만들어서는 팔리지 않는다. 이제는 수요자가 원하는 가치를 반영한 창의적인 제품을 만들어야 팔리는 시대다. 아직도 당연히 성실성은 중요하지만, 막연한 성실성이 아니라 창의적이고 가치지향적인 성실성이 중요하다.

오늘 하루가 부지런하기만 한 비효율적인 하루였는지, 효율적이고 경쟁력 있는 하루였는지 돌이켜볼 필요가 있다. 혹시 실속보다는 남에게 보여주려고 열심히 한 것은 아니었나? 아니면 비효율적으로 시간만 보낸 것은 아니었나? 비효율적이라는 것은 바로 그곳에 개선해야 할 문제점과 잠재력이 함께 숨어 있다는 의미다. 그동안 부지런하기만 했지 이뤄낸 것이 없었다면, 그 문제 속에 완벽한 하루를 만들 수 있는 탈출구가 반드시 있을 것이다.

나의 시간인데 왜 남을 따라 하지?

밴드왜건 효과band-wagon effect라는 것이 있다. 편승便乘 효과라고도 한다. 밴드왜건은 축제나 행사 때 행렬의 맨 앞에서 선도하는 악대차다. 밴드왜건이 연주하면서 지나가면 사람들이 궁금해하며 모여들기 시작하고, 무작정 뒤따르는 군중이 더 많이 불어나는데, 밴드왜건 효과는 이것에 비유하여 붙여진 이름이다.

남이 하니까 나도 따라 하는 모습은 주변에서 쉽게 볼 수 있다. 판매량 1위 제품이라서 나도 따라 산다거나, 횡단보도에서 신호등이 빨간불인데도 한두 사람이 건너면 주변 사람들이 따라 건넌다. 지지하는 후보가 없던 유권자들이 대세에 편승하기도 하고, 유명인이 무언가를 했다고 하면 나도 한번 따라 해보고 싶은 심리도 있다. 예를 들어, 인기 연예인이 드라마에서 차고 나온 시계나 팔찌는 다음 날 '완판' 되고, 눈에 띄게 날씬해진 연예인이 '레몬 디톡스'를 했다고 하면 다음 날 마트에 레몬이 동난다.

남을 따라 하는 이유가 뭘까? 첫째, 같은 집단에 속해 있다는 안정감을 느낄 수 있고 둘째, 스스로 정보를 수집하고 의사결정하는 것보다는 대세를 따르는 것이 훨씬 편리하기 때문이다. 하지만 남의 것이 나에게는 최적화된 방법이 아닐 수 있다. 요가는 몸을 유연하게 가꿔주지만 탄탄한 복근을 원하는 사람에게는 맞지 않는다. 또한 과일과 채소가 건강에 좋다지만, 신장질환자가 너무 많이 먹으면 위험할 수도 있다.

누구나 자기만의 하루를 살아가고 그 하루는 자기만의 인생이 된다. 남들의 시간관리를 무작정 따라 할 필요는 없다. 나는 저녁형 인간인데 무리하게 아침형 인간을 따라 한다거나, 나폴레옹 수면법, 틈새독서법 등으로 생활패턴을 무작정 바꾸려 하다 보면, 금세 지쳐서 포기해버린다. 물론 남들의 방법을 참고할 수는 있지만, 내가 궁극적으로 이루고자 하는 하루목표와 합당한지 먼저 따져봐야 한다. 책을 안 읽으면 왠지 뒤쳐질 것 같아서 하루에 한 권씩 읽어 치우는 것이 아니라, 내가 얻고자 하는 것을 정확히 알고 나서 신문기사 5줄을 읽는 것이 훨씬 더 가치 있다.

또한 나에 대한 분석이 제대로 이루어져야 나에게 맞는 시간관리 방법을 찾을 수 있다. 출근을 준비하는 시간, 출퇴근 시간 등을 체크해보면 버려지는 시간이 파악된다. 그리고 자신이 오전과 오후 중에 언제 일이 더 잘 되는지를 생각해보거나, 잠이 많은 사람이라면 짧은 시간에 몰입할 수 있는 자신만의 특별한 방법을 연구할 수도 있다.

피터 드러커는 이렇게 말했다. "시간이야말로 가장 간단한 문제다. 그러므로 시간을 관리할 수 없는 사람은 그 어떤 다른 것도 관리할 수 없다." 물론 시간관리는 중요하지만 목적이 무엇이냐가 더 중요하다. 시간이 목적인지 수단인지 구분해야 한다. 시간관리의 핵심은 시간 자체를 관리하는 것이 아니라 '목표를 위해' 시간을 관리하는 것이다.

하루는 속도전이 아니다. 기계든 사람이든 속도에만 열을 올리면 금방 나가떨어진다. 기계는 열을 좀 식혀주거나 부품을 새로 갈아주면 다시 작동할 수도 있지만 사람은 동기부여를 해주어야 지속적으로 에너지가 나온다. 동기부여는 나의 하루목표에 달려 있다.

방향이 우선이고 그다음이 속도다. 오늘 어디로 가야 할지, 무엇을 해내야 할지 알고 있다면 속도를 내도 좋다. 하루는 내 인생의 목적지를 위한 하나의 과정이고 작은 결과물이다. 그 속에서 효율적이냐 비효율적이냐는 목표에 따라 결정된다.

오늘 하루를 왜 살아가는지, 오늘 나의 인생역사에 무엇을 기록할 것인지 관심을 가져야 한다. 연초가 되면 다들 플래너를 새로 사고 연간목표를 세운다. 1월에는 비교적 열심히 쓰는 듯하지만 12월까지 매일 목표를 세우고 다이어리를 작성하는 사람은 그리 많지 않다. 연간목표만 있고 하루목표가 없기 때문이다. 연간목표는 1년이라는 긴 시간이 소요되는 큰 목표가 대부분이다. 그런데, 가령 자격증 취득이 올해 연간목표라면, '12월말까지만 따면 되니까 오늘 하루 정도는 대충해도 그만.'이라는 생각을 갖게 된다. 우리에겐 항상 내일이 있으니까.

일생에 걸친 방대한 목표, 혹은 1년짜리 목표가 있는가? 그렇다면 이제부터라도 목표중심의 시간관리를 시작해야 한다. 아직 무엇을 목표로 삼아야 할지 정하지 못했더라도, 매일 아침 눈을 떴을 때 오늘 이루고 싶은 단 한 가지의 목표를 정해 그것을 위한 시간관리를 해보자. 나만의 하루목표를 위해 몰입하고, 그렇게 시간을 주도적으로 사용해보면 새로운 세상이 열릴 것이다.

세월은 누구에게나
공평하게 주어진 자본금이다.
이 자본을 잘 이용한 사람에겐
승리가 있다.
_아뷰난드

나는 왜
내 목표가
부끄러울까?

사람은 태어나는 순간부터 울음이나 옹알이로 의사소통을 시작해서 만 2세에서 5세 사이에 언어발달이 가장 활발하게 이뤄진다고 한다. 그 시기부터는 급속도로 말이 늘어나거나 손짓, 몸짓, 얼굴 표정 등 온몸을 이용하면서 부모와 더 많은 이야기를 나누려고 한다. 그 후 학교에 들어가고 사회생활을 시작하면 대화를 통해서 가족 이외의 다른 사람들과도 관계를 형성해나간다. 어떤 취미생활을 하는지, 관심 있는 이슈가 무엇인지를 일상적으로 이야기한다.

최근에는 소셜 네트워킹 서비스(이하 SNS)를 통해서, 멀리 있는 친구는 물론이고 얼굴 한 번 본 적 없는 사람들과도 쉽게 자신의 일상이나 생각을 나눈다. 점심때 먹은 음식이나 다녀온 곳의 사진을 올리고, 오늘 기분은 어떤지, 무슨 선물을 받고 싶은지 등 사소한 일까지도 공유한다. 처음에는 '유명인사도 아닌 개인들이 주목받고 싶어 할까?', '과연 사람들이 그런 공간에 자신의 이야기를 쉽게 털어놓을까?' 하는 의구심이 있었지만, 요즘 젊은 세대들은 시시콜콜한 이야기들도 거리낌 없이 공유한다. 나로서는 정말 놀랍기도 하고, 기성세대에게는 찾아볼 수 없는 문화여서 매우 흥미롭다.

그렇다면 사람들은 주로 어떠한 목적으로 SNS를 하는 것일까? 한 조사기관에서 직장인 960여 명을 조사한 결과 SNS를 하는 가장 주된 목적은 친목도모를 위해서(62.0%), 다양한 정보를 얻기 위해서(23.7%), 일상을 기록하기 위해서(7.9%), 알고 있는 정보를 공유하기 위해서(4.5%)였다. 응답자의 절반 이상이 친목도모, 즉 인맥관리를 하기 위해서 SNS를 한다는데, 그런 목적이라면 SNS에 어떤 게시물을 올려야 할까? 성별과 직업, 나이를 불문하고 모두가 관심을 가질 만한 주제여야 한다. 여기에 해당하는 주제가 바로 음식, 여행, 패션 아이템, 애완동물, 운동이다. 특별히 민감하지 않은 주제여서 포괄적인 대화를 이어나가기에 적합하다.

반대로 SNS에서 참으로 찾아보기 힘든 주제가 있다. 바로 자신이 이루고 싶어 하는 목표다. 어디론가 휴가를 떠나고 싶다거나, 어떤 차를 사고 싶다거나, 맛있는 요리를 먹고 싶다는 이야기들은 많지만, 자신이 1년 후, 5년 후에 어떠한 목표를 이루고 싶은지에 대한 내용은 찾아보기 어렵다. 하루가 되었든, 1년이 되었든 간절히 원하는 목표가 무엇인지 남들과 공유하기 어려운 걸까? 아니면, 목표를 글로 적는 것이 어려운 걸까?

평소에 꿈이나 목표를 글로 적는 편인가? 그리고 그것을 주변 사람들과 공유하는 편인가? 아니면, 목표에 대해 이야기 나누는 것을 꺼리는가? 목표는 공유하는 게 더 좋다는 말을 어디선가 들어본 것 같긴 한데, 막상 자신의 목표를 글로 적고 공유하려고 보면 아무리 가까운 친구나 가족이라도 쉽지 않다. 하지만 '글로 적는 행동'은 목표를 이루는 데 큰 영향력을 발휘한다.

그리고 목표를 주변 사람들에게 공개하면 달성할 가능성이 더욱 높아진다. 뇌과학자들의 연구에 의하면 뇌세포의 98%는 말의 영향을 받는다고 한다. 98%는 결코 낮은 수치가 아니다. 주변 사람들에게 목표를 말하다 보면 그 말이 뇌에 박히게 된다. 뇌는 척추를 지배하고, 척추는 행동을 지배하기 때문에, 결국 내가 한 말이 행동으로 이어지는 것이다. 그래서 목표를 더 많이 말할수록 그 목표에 더욱 가까워진다.

이는 실제 실험에서도 밝혀진 바 있다. 미국 캘리포니아 도미니칸 대학교 심리학박사 게일 매튜스Gail Matthews 교수의 실험에 따르면 목표를 글로 쓰고 주변 사람들과도 목표를 공유한 사람의 목표달성률은 76%였다. 이는 글로만 적었을 때의 달성률인 33%보다 2배 이상이다.

사실 우리는 경험적으로도 목표를 글로 적고 주위에 공개하면 달성할 가능성이 높아진다는 사실을 알고 있다. 하지만 여전히 우리는 다른 사람들과 목표를 공유하는 것을 싫어한다. 왜 그럴까? 원인은 크게 3가지로 나누어볼 수 있다.

타인의 시선이 부담스럽다

우리나라 사람들은 타인의 시선에 굉장히 예민하다. SNS에서도 마찬가지다. SNS 활동을 하는 많은 사람들이 스트레스를 받는 이유도, 따지고 보면 타인의 시선 때문이다. 개인적인 와인 취향부터 거시적인 국가정

책까지, 어떠한 내용의 글을 쓰느냐에 따라 지식의 깊이나 정치적 성향이 드러나게 마련이다. 그래서 그런 글에 '좋아요'를 눌러 자신의 관심을 표현하는 것이 큰 스트레스가 된다. 내가 어떤 글을 좋아하고 공유하느냐에 따라 남들에게 비쳐지는 내 이미지가 결정되기 때문이다.

그러다 보니 자신의 솔직한 감정보다 타인의 시선을 의식해, 가장 빨리 최신 소식을 전한다거나, 남들이 좋아할 만한 재밌는 기삿거리를 중심으로 '좋아요'와 '공유하기'를 누른다. 자투리 시간에 심심풀이로 해왔던 SNS가 또 다른 '일'이 되어버린 것이다. 또 다른 이유도 있다. 늘 행복하고 즐거운 모습, 값비싼 물건을 산 것을 자랑삼아 올린 글에 아무도 관심을 가져주지 않으면 이것이 스트레스가 된다.

연예인이나 정치인들이 SNS에 올린 개인적인 글과 사진 때문에 구설수에 휘말려 집단 공격을 받는 경우가 있다. 이런 것을 보면 타인의 평가에 더 신경을 쓰게 된다. 집단에서 튀지 말아야겠다고 생각한다. 최근에는 혼자 밥을 먹으면 사람들이 이상하게 볼까 봐, 대학생들이 밥만 먹고 헤어지는 밥 친구를 교내 인터넷 커뮤니티를 통해 구하기도 한다.

이렇게 타인의 시선에 예민하니 자신의 목표를 남들에게 공개하는 것은 더더욱 어려워진다. 목표를 공개했을 때 남들이 어떻게 볼지, 비난받지는 않을지, 목표를 달성하지 못했을 경우 나를 어떻게 평가할지에 대해 신경이 쓰이니까 말이다.

특히 '목표를 주변 사람들에게 말했다가 달성하지 못하면 어쩌나?' 하며 실패를 미리 걱정하는 것도 큰 문제다. 미리 실패를 창피해하며, '차라리 말하지 말걸.' 하고 생각한다. 또한 목표를 공유하면 감 놔라 배 놔라 하며 마냥 훈수를 두는 사람들이 많아지는데 이것도 피곤하다. 이렇게 해야 한다, 지금 그렇게 하면 안 된다, 너는 말만 앞선다는 둥 응원보다는 의욕을 꺾는 조언들이 대부분이다. 그래서 우리는 목표를 마음속으로만 간직한다.

협업보다 경쟁에 익숙해져버린 나

'비교'와 '경쟁심'은 한국인의 특징으로 늘 거론된다. 실제로 우리는 어린 시절부터 서로를 비교하며 경쟁심을 키우는 훈련을 알게 모르게 받아왔다. 학교에서는 반 등수, 전교 등수, 심지어 전국 등수에 이르기까지, 성적을 상대평가해서 나의 서열을 알 수 있었다.

학생들은 늘 경쟁관계에 있기 때문에 "이번 시험에서 내 목표점수는 몇 점이고, 반에서 몇 등을 하는 게 목표야."라고 친구들에게 말하기란 결코 쉽지 않다. 나보다 더 높은 목표를 설정하고 더 많은 노력을 하는 친구가 분명히 생길 것이고, 현재 나의 실력을 친구들이 가늠할 수도 있기 때문이다. 가령 목표점수가 80점이라면, 적어도 지난 시험에서 80점 미만이었다는 것을 추측해볼 수 있다. 90점대 학생이 목표점수를 80점으로 설정할 리는 없으니까.

덕분에 우리는 목표를 공유하고 서로 도움을 주고받는 것보다는 타인의 목표와 나의 목표를 비교하고 타인을 경쟁자로 여기는 데 더 익숙하다. 여기다 자본주의의 지나친 경쟁 메커니즘까지 더해지면서 한국인들은 협업을 어려워하게 되었다. 실제로 국내 유수 기업의 리더들이 털어놓는 고민은, 팀원들이 쉽게 협업하지 못한다는 점이다. 실적이나 성과 때문에 부서 간 이기주의도 심각하다. 회사를 위해서 협업하면 더 나은 결과를 얻을 수 있는데도, 자신과 팀의 성과를 최우선으로 여기기 때문이다. 최근에는 신입사원을 뽑을 때도 협업을 잘할 수 있는 인재인지 채용 전에 여러 각도로 평가한다. 이러한 한국인 특유의 경쟁심리와 사회적인 시스템 때문에 우리는 목표를 공개하지 않고 서로 도우려고도 하지 않는다. 그러니 당연히 실패 확률이 높아질 수밖에 없다.

남들도 나와 같은 생각을 할 거라는 착각

같은 말을 서로 다르게 해석해 곤란해지는 경우가 가끔 있다. 특히 직장인이라면 상사의 말을 잘못 이해해서 곤란한 상황을 겪어봤을 것이다. 같은 말이라면 누구나 똑같은 뜻으로 이해할 거라는 착각 때문이다.

예를 들어 상사가 말하는 '최대한 빨리'와 내가 말하는 '최대한 빨리'는 다를 수 있다. 그런데 더 이상 깊은 대화를 나누지 않고 바로 실행에 옮겨버린다. 상사가 최대한 빨리 하라고 해서 3일에 걸쳐 끝냈는데, 상사는 도리어 왜 이렇게 늦었느냐고 화를 낸다. 상사가 말한 최대한 빨리는 하루였기 때문이다. 내 입장에서는 3일이면 정말 빨리 끝낸 것이었지만, 상사 입장에서는 아니었던 것이다.

'에이, 설마 그것도 모르겠어?'라고 생각했는데 상대방이 정말 모르고 있어서 당황스러운 경우도 종종 있다. 이는 흔히 '지식의 저주'라고도 하는데, 자신이 알고 있는 것을 상대방도 알고 있다고 착각하는 현상이다. 그러나 상대방은 그것에 대해 잘 모르고 있기 때문에 말하는 사람의 의도를 제대로 해석하지 못한다.

이와 관련된 흥미로운 실험이 하나 있다. 엘리자베스 뉴튼Elizabeth Newton이라는 학생이 미국 스탠퍼드 대학의 박사학위 논문에서 다음과 같은 실험을 했다. 실험에 참가한 두 팀 중 한 팀에게는 테이블을 똑똑 두드려 매우 유명한 멜로디의 리듬을 표현하게 했고, 나머지 한 팀에게는 그 소리를 듣고 어떤 노래인지 맞추게 했다.

두드리는 팀은 너무 흔하고 쉬운 멜로디이기 때문에 절반은 맞출 거라고 예상했다. 그런데 120개의 노래구절을 테이블에 정확히 두드렸지만, 듣는 팀은 이 중 단 3곡만 맞추었다. 두드리는 사람들은 듣는 사람들이 40개 중 1개꼴로 맞춘 것을 이해하지 못했다. 누구나 아는 노래, 가령 '생일 축하 노래'나 '산토끼' 같은 간단한 리듬을 테이블에 두드렸는데 친구가 맞추지 못한다. '이걸 왜 못 맞추지?' 하는 생각이 들고 매우 답답할 것이다. 그러나 상대방의 입장에서는 그저 '똑똑' 테이블을 두드리는 소리만 들릴 뿐이다. 우리는 이렇게 내가 아는 것은 남도 알고 있다고 쉽게 단정지어버린다.

나 역시 학생들에게 경영학을 가르칠 때 4학년이면 당연히 알고 있겠지 하는 개념들은 설명을 생략한 적이 있었다. 내 기준에 맞추어서 기초적인 것은 건너뛰고 곧장 복잡한 모델들을 설명해버린 것이다. 그런데 학생들과 이런저런 이야기를 나누다 보니 생각보다 많은 학생들이 내 수업을 어려워한다는 것을 알게 되었다. 휴학을 마치고 막 복학한 학생도 있고, 다른 과 학생이 복수전공을 하는 경우도 있어서, 경영학에 대한 '기초'가 서로 달랐던 것이다. 나는 그 이후로 기초적인 설명을 반드시 하고 넘어가게 되었다.

사람들이 목표를 공유하지 않는 이유도 비슷하다. 대부분의 사람들이 자신과 비슷하게 생각할 것이라고 믿기 때문에 굳이 말하지 않는 것이다. 목표가 나와 비슷하거나 누구나 목표를 가지고 있을 텐데 굳이 내 목표를 알릴 필요가 없다고 생각한다. 또한 지인들의 도움을 받고 싶어도 자신과 생각이 비슷할 테니 물어보려고 하지 않는다. 친구나 동료들도 나와 비슷한 수준일 것이라고 미리 단정하기 때문이다.

목표를 공개하면 때로는 사람들에게 불필요하거나 불쾌한 피드백을 받기도 하고, 친구들이 나를 경쟁상대로 보기도 하며 전혀 도움이 되지 않는 이야기를 듣게 될 수도 있다. 그러나 목표를 공개하면 이런 단점을 뛰어넘는, 훨씬 더 놀랍고 긍정적인 효과를 얻을 수 있다.

자신이 내뱉은 말을 지키기 위해서라도, 목표를 반드시 달성해야겠다는 의지가 강해진다. 금연이나 체중감량, 독서 등 내 목표를 아는 친구나 직장 동료들이 계획대로 잘 진행되는지, 어려움은 없는지 때때로 물어봐주기도 한다. 이 과정에서 자연스럽게 자신의 현재 상태나 실행방법에 대한 피드백이 이루어지기도 하고, 다른 사람들에게서 소소한 정보와 도움을 받기도 한다. 혼자 목표를 향해 갈 때보다 자신을 돌아보는 시간이 많아지게 되므로 더 발전적인 방향으로 실행방법을 고민하게 되고, 그러면 그만큼 달성 가능성이 높아진다. 포기하고 싶은 순간에도, 주변 사람들의 격려를 받으면 절로 힘이 생긴다.

목표를 주변 사람들과 공유하는 것은, 목표를 글로 적는 것과 더불어 매우 중요한 일이다. 옛 어른들은 '말이 씨가 된다.'고 했다. 그래서 우리들에게 부정적인 말은 하지 말고 항상 긍정적인 말, 좋은 말만 하라고 가르쳤다. 특히 어떤 일에 좋은 결과를 기다리고 있을 때, 절대로 미리 부정적인 말은 하지 못하게 했다.

빌 게이츠는 "희망은 말하는 대로 이루어진다."라고 했다. 그래서 그는 매일 자신에게 "왠지 오늘은 나에게 큰 행운이 올 것 같다. 나는 무엇이든 할 수 있다."라는 두 가지 말을 반복했다고 한다. 자신의 목표를 스스로에게 말하는 것을 넘어서 주변 사람들에게 공유하면 더 큰 파장을 불러온다. 목표를 공개적으로 말해보자. 자주 말할수록 좋다. 그러면 당신도 모르는 사이에 그 목표에 더 가까이 다가가 있을 것이다.

어떤 말을 1만 번 이상 되풀이하면

반드시 미래에 그 일이 이루어진다.

_아메리카 인디언의 금언

내일이 더욱 기대되는 '완벽한 하루'

아이디어는 1,
실행은 100의
에너지

작심삼일作心三日. 말 그대로 작심作心, 즉 '마음을 단단히 먹은 것이 삼일三日 간다.'는 말이다. 용두사미龍頭蛇尾는 '용의 머리에 뱀의 꼬리'란 말로, 시작은 그럴 듯하나 끝이 흐지부지한 경우를 말한다. 실행의 어려움을 토로하는 사자성어가 많은 것을 보면, 우리의 선조들도 실행에 꽤나 많은 어려움을 겪었나 보다. 세상에 쉬운 일이 어디 있겠는가? 마음먹은 대로 실행한다는 것은 누구에게나 정말 어려운 일이다.

마음을 단단히 먹고 거창하게 시작했지만, 사흘만 지나면 그 결심이 흐지부지되고 마무리가 엉성해진다. 365일 중에 362일은 목표를 잊고 느슨해진다. 그럴 때마다 주위 사람들은 이렇게 위로한다.

"시작이 반인데, 시작이라도 한 게 어디냐. 좀 더 힘내."

하지만 중간에 포기하고 싶은 생각이 밀려오고 몸은 마음대로 움직여주지 않는다. 세상에 성공한 사람이 적은 까닭은, 시작부터 끝까지 잘하는 사람이 적기 때문이라는 사실을 다시 한 번 절감하게 된다. 계획대로 아니, 생각한 대로만 행동하면 좋을 텐데, 왜 이렇게 실천이 어려울까?

대부분의 사람들은 게으르거나 의지가 부족하기 때문이라며 그 이유를 자기 자신에게서 찾는다. 물론 자신의 잘못이 전혀 없지는 않겠지만, 그보다 실천적 행동에는 과학적 원리가 숨어 있다는 사실을 이해해야 한다. 기존에 하지 않았던 새로운 행동을 하기 위해서는, 그리고 그 행동을 지속적으로 이어나가고 싶다면, 먼저 뇌의 재미난 특성을 알아야 한다.

우리가 목표를 세우고 그 목표를 이뤄내기 위해서는 일회성의 실행이나 실천으로 끝나서는 안 된다. 반복적으로, 주기적으로 목표와 관련된 행동을 해야 한다. 예를 들어, 1년 동안 몸무게를 5kg 감량하겠다는 목표를 달성하기 위해서는, 매일 1시간씩 유산소 운동을 하고 밤 10시 이후에는 야식을 먹지 않는 등 반복적으로 어떠한 행동을 해야 한다. 습관은 오랜 시간에 걸쳐 형성되기 때문이다.

미국의 자기계발 전문가인 스티븐 기즈Stephen Guise는 습관이 몸에 배면 밸수록 관련된 신경경로가 점점 더 두꺼워지고 강해진다고 했다. 여기서 말하는 신경경로는 뇌 속의 의사소통 통로라고 이해하면 된다. 즉, 어떤 습관에 의해 만들어진 신경경로가 어떤 생각이나 외부신호의 자극을 받으면 그 신경경로를 따라 전하電荷가 발생하기 때문에 습관화된 행동을 하고 싶은 충동이 생긴다는 것이다. 따라서 반복을 통해서 스스로 원하는 신경경로를 만들고 그것을 더욱 강화해야 하는데, 사실 생각처럼 되지는 않는다. 일본 리코 사 창업회장 이치무라 기요시는 "아이디어를 내는 데 1의 노력이 든다면, 그것을 계획하는 데 10의 힘이, 그것을 실현하는 데 100의 에너지가 든다."고 했다. 이처럼 계획한 것을 실행으로 옮기는 데는 상당한 에너지가 필요하다. 그래서 실행하는 이가 그리 많지 않고, 꾸준히 실행하는 이는 더더욱 소수다.

갑자기 다른 사람이 되려고?

사람들은 처음부터 너무 무리한 변화를 추구한다. 실행해야 할 행동의 단위를 지나치게 크게 잡는다는 의미다. 왜 이렇게 무리한 것에 도전할까? 어느 날 갑자기 다른 사람이 되고 싶어서다. 이왕 새로운 습관을 만들 거라면, 완전히 다른 내가 되고 싶은 것이다. 그래서 더 독하게 마음먹고 가혹한 조건을 추가한다. 매일 5분, 10분씩 지각하던 사람이 갑자기 새벽 4시에 일어나기로 결심한다거나, 평소에 육식을 즐겨 먹던 사람이 돌연히 채식 다이어트를 선언하거나, 먹는 것을 아주 좋아하는 사람이 5일 동안 단식을 해서 10kg를 빼겠다고 한다.

하지만 이렇게 급격한 행동변화는 건강에 악영향을 끼칠 우려가 높다. 무리한 변화에는 그만큼 많은 에너지가 필요하고, 에너지가 소진되어버리면 무언가를 하고자 하는 의욕 역시 사라진다. 게다가 지나치게 스트레스를 받을 때 사람은 평소에 하던 나쁜 습관으로 돌아가려는 경향이 있다. 무리한 다이어트 후에는 필연적으로 요요현상이 찾아오고, 단기간에 고난이도의 프로젝트를 수행하면 회복이 잘 안 될 정도로 지쳐버린다.

《예술가여 무엇이 두려운가》라는 책을 보면 한 도자기 공예가가 자신이 가르치는 학생을 두 그룹으로 나누어 과제를 부여하는 일화가 나온다. A그룹에게는 많은 양의 도자기를 만들라고 했고, B그룹에게는 단 1점이라도 좋으니 최고의 도자기를 만들라고 했다. 가급적 많은 도자기를 굽는 그룹과 도자기 하나를 굽는 데 모든 정성을 쏟는 그룹으로 나눈 것이다. 정해진 시간이 지나고 도자기를 평가받는 날, 과연 어느 그룹의 도자기가 더 좋은 평가를 받았을까?

많은 양의 도자기를 만든 A그룹이 높은 점수를 받았다. A그룹의 학생들은 수없이 많은 도자기를 빚으면서 실수로부터 배움을 얻고 반복적인 학습을 통해 실력이 향상되었다. 반면 한두 번 만에 최고의 도자기를 구우려고 했던 B그룹은 기술을 터득할 기회가 부족했기 때문에 A그룹처럼 뛰어난 도자기를 만들지 못했다.

어느 날 갑자기 최고의 도자기를 만들어내는 사람은 없다. 수백수천 번 연습을 해야 비로소 반죽의 감을 익힐 수 있다. 화려한 무늬를 그리고 싶다면 점 찍는 연습부터 해야 한다. 점 찍기로 손의 감각을 익히면서 점을 이어서 선과 면을 그려야 한다. 인생도 마찬가지다. 평소의 작은 행동부터 바꿔나가야 큰 성공에 가까워질 수 있다. 그러니 단번에 모든 걸 바꾸겠다는 욕심은 일종의 한탕주의다. 너무 쉽고 보잘것없어 보이는 작은 행동부터 바꿔보라. 변화하고 싶은 행동의 최소버전이 바로 작은 행동이다. 우리는 작은 행동의 변화를 시도하면서 그 속에서 많은 것을 배운다.

물방울이 돌을 뚫고, 새끼줄이 나무를 자른다

새로운 행동이 습관으로 몸에 익으려면 충분한 시간이 필요하다. 하지만 우리는 습관이 형성될 시간을 충분히 주지 않는다. 큰 행동이든, 작은 행동이든 몸이 적응할 수 있는 최소한의 시간이 필요한데, 우리는 무엇이든 빨리 해치워버린다. 그러니까 금방 지친다. 게다가 참을성이 부족해서 몇 번 해보고 안 될 것 같으면 바로 포기해버린다. '나에게는 맞지 않아. 더 이상 시간 낭비 하지 말자.'라고 말이다.

참을성을 갖고 꾸준히 반복해야만 체화되는 것, 그중 대표적인 것이 바로 어학공부다. 단어 외우기가 단순한 것 같아도, 이미지 연상, 발음 익히기 등 중요한 것이 한두 가지가 아니다. 하지만 무엇보다 중요한 것은 바로 반복이다. 암기력이 좋은 사람들은 단기간에 많은 단어를 외우고 흡족해하지만 그것이 지속되기는 어렵다. 어학은 기본적으로 마라톤 같은 장기전이다. 매일 30분이든, 1시간이든 단어와 숙어를 꾸준히 외우고, 그중에 절반을 잊어버렸다면 다시 반복해서 외워야 온전히 내 것이 된다.

처음에는 너무 더디고 지루해서 단순한 반복이 과연 효과가 있는가 하는 의구심이 들 수도 있다. 하지만 그 고비를 넘기고 계속 연습하다 보면 자신도 모르게 실력이 늘고 속도가 붙는다. 비단 어학뿐만이 아니다. 악기, 스포츠, 요리 등 그 어떤 것이라도 반복연습은 실력을 키우는 핵심이다. 고통과 인내의 시간을 무시한 채 빠른 결과만 기대하는 것은 지나친 욕심이다.

우공이산愚公移山이라는 말이 있다. '어리석은 사람이 산을 옮긴다.' 는 뜻이다. 우직하게 한 우물을 파는 사람이 큰 성과를 거둔다는 말이다. 옛날 중국에 우공이라는 90세 노인의 이야기다. 이 노인이 살고 있는 북산에는 아주 높은 두 산이 있어서 통행이 매우 불편했다. 어느 날 우공은 가족들을 불러놓고 산을 옮겨 길을 만들자고 이야기한다. 우공의 아내는 힘도 없는 아흔 살 노인이 산을 어떻게 옮기느냐며 반대했다. 또한 산의 흙을 버릴 곳도 마땅치 않았다.

그러나 우공의 다른 가족들은 바닷가에 흙을 갖다버리면 된다고 찬성했다. 우공과 세 아들, 그리고 손자들은 돌을 깨고 흙을 파서 길을 만들기 시작했다. 이웃에 사는 한 아이도 길을 내는 데 동참했다. 겨우 일곱 살이라 흙을 파서 바닷가까지 1년에 1번 정도 왕복할 수 있을 정도였다. 이를 본 지수라는 사람은 우공에게 살날이 얼마 남지 않아 산모퉁이도 파내기가 어려워 보인다며 비웃었다. 그러자 우공은 "내 비록 살날이 얼마 남지 않았지만 내가 죽으면 아들이 할 테고, 아들이 죽으면 손자가 할 테지. 이렇게 자자손손 끊이지 않을 것이니 언젠가는 이 산이 평평해질 날이 올 것 아닌가."라고 대답했다고 한다.

쉽게 이루지 못할 일은 아예 시작도 하지 않는 편이 낫다고 생각하는 것도 문제지만, 하루쯤 건너뛰어도 상관없다고 여기는 것도 바람직하지 않다. 무언가를 처음 배울 때 하루를 안 하면 이틀을 고생해야 한다. 1주일을 안 하면 한 달 동안 배운 것이 원점으로 돌아가 처음부터 다시 시작해야 한다. 새로운 것을 시작해 내 것으로 만들려면 꾸준히 실행하는 것만이 답이다. 내일로 미룬 일을 정말 내일 하게 될 가능성은 매우 낮다. 오늘 하기 싫은 것은 내일도 하기 싫다.

어떻게 원하는 인생을 살 것인가?

길을 가다가 갑자기 누군가가 쓰러지면, 대개는 도와주고 싶은 마음이 먼저 든다. 만약 쓰러진 환자가 의식을 잃어가는 것처럼 보이면 심폐소생술을 해야 한다는 것은 아는데, 방법을 몰라서 안절부절못한다. 방법을 모르니 직접 할 수는 없고 주위에 도와줄 사람을 찾거나 119에 신고를 한다. 돕고 싶어도 방법을 모르니 안타까울 뿐이다.

하루를 살아갈 때도 마찬가지다. 하루 동안 간절히 이루고 싶은 목표가 있는데도 계획을 세우거나 실행하는 방법을 몰라서 행동하지 못한다. 이럴 때는 먼저 자신의 '행동'에 주목해야 한다. 평소에 왜 그 행동을 할 수 없었는가를 꾸준히 관찰하고 분석하라는 의미다.

2년 전쯤 학부모와 학생들을 대상으로 "어떻게 하면 자신이 원하는 인생을 살 수 있는가?"에 대해 강연을 한 적이 있다. 강연을 마친 후에, 한 학생이 다가와서 시나리오 작가가 되고 싶은데 어떻게 해야 할지 모르겠다면서 조언해달라고 했다. 나는 먼저 그 학생에게 왜 시나리오 작가가 되고 싶은지 물었다. 그 학생은 사람들을 기쁘게 하고 감동을 주는 이야기를 쓰고 싶다면서, 서른 살 전에 자신의 이름으로 단편 드라마 시나리오를 완성해 출품하는 꿈이 있다고 했다.

그 학생은 하고 싶은 일이 무엇이고 왜 그 일을 하고 싶은지 알았지만, 어떻게 해야 그 꿈을 이룰 수 있는지 방법을 몰랐다. 주변 사람들에게 물어보면 대부분 "무조건 열심히 쓰라."거나 "다양한 주제의 영화를 많이 보면서 감각을 키워라." 하는 이야기뿐, 구체적으로 어느 대학 어떤 과에 가야 하는지, 어떤 학원에 다녀야 하는지 알려주지 않았다고 했다.

나는 그 학생에게 시나리오 작가라는 꿈을 위해 우선 목표를 시기별로 나눠보라고 권유했다. 1년, 6개월, 1개월, 하루 단위로 쪼개서 목표를 설정해보고 그 후에 하루목표를 달성하기 위해 구체적으로 어떠한 행동을 할 것인지 고민해보라고 조언했다.

2주일 후, 그 학생에게서 이메일이 왔다. 앞으로 1년 동안 5분짜리 뮤직비디오 스토리를 구성해보겠다는 목표를 세웠다고 했다. 그리고 그 목표를 세분화해서 하루를 어떻게 보낼지 구체적인 내용을 보내왔다. 그 이메일을 보니 정말 기뻤다. 그 학생이 제대로 된 방법을 찾아낸 것 같았기 때문이다. 그 학생은 하루라도 빨리 계획을 실행하고 싶다고 했다. 막연할 때는 의욕이 생기지 않지만, 구체적으로 어떻게 행동해야 하는지 안다면 바로 행동으로 옮길 수 있다. 그렇게 오늘도 하고 내일도 하고 모레도 하면, 하루하루 시간이 갈수록 큰 목표에 조금씩 더 가까워진다.

내일은 오늘 위에 기록된다. 병아리가 수십 번씩 톡톡 두드려 알을 깨뜨리듯이, 실행으로 목표를 계속 건드려주어야 한다. 힘들고 더뎌도 일단 실행으로 옮긴다면 조만간 그것은 꿈이 아니라 현실이 될 것이다.

시작하는 방법은

그만 말하고 행동하는 것이다.

_월트 디즈니

후회 없는
하루를
보낸다는 것

후배에게서 전화가 왔다. 거의 5년 만에 들어본 목소리라서 더욱 반가웠다. 그동안 어떻게 지냈는지, 지금은 어디에 있는지 대화를 주고받다 보니 훌쩍 10분이 지나갔다. 조만간 보자는 약속을 하며 전화를 끊고 문자메시지를 하나 보냈다.

"새 직장에 잘 적응하고 있다니 기쁘네. 먼저 연락해줘서 고맙네."

그러자 곧바로 답장이 왔다.

"형은 여전히 에너지가 넘치시네요. 보기 좋습니다. 다음 달에 제가 술 한잔 사겠습니다. 후회 없는 하루 보내시고 건강하세요."

후배의 문자 중에서 유독 와 닿는 단어가 있었다. 바로 '후회 없는 하루'였다. 후회 없는 하루. 하루를 마감하면서 '오늘 하루는 정말 후회 없이 보냈다.'고 말할 수 있다면 얼마나 행복할까?

퇴근길 전철에서, 혹은 잠자리에 누우면서 우리는 종종 '왜 이렇게 아쉽지?' 하고 생각한다. 후회란 자신이 내린 결정이 잘못되었다고 느끼는 감정이다. 어떤 행동을 하지 않았을 때는 '그때 그걸 해야 했는데….' 하고, 반대일 때는 '그때 그걸 하지 말았어야 했는데….' 한다. 해도 후회, 안 해도 후회다. '결혼은 해도 후회하고 안 해도 후회한다.'라는 말처럼 말이다.

열심히 하면 열심히 한 대로, 안 하면 안 한 대로, 후회와 미련이 남는다. 후회 없는 하루를 보낸다는 것이 얼마나 힘든 일인가를 절감하며,

후배가 나에게 힘든 숙제를 줬구나 싶어 속으로 웃었다.

우리는 저마다 다른 하루를 보낸다. 깨어 있는 시간이 길든 짧든, 그 것은 별로 중요하지 않다. 긴 하루를 어영부영 보내는 사람도 있고, 짧은 하루를 알차게 보내는 사람도 있기 마련이다. 나이도 중요하지 않다. 젊은 사람이든, 나이 든 사람이든 각자가 보내는 시간의 밀도는 다르기 때 문이다. 여기서 한 가지 의문점이 생긴다. 모두가 서로 다른 시간의 밀도 로 하루를 보내지만, 많은 사람들이 공통적으로 후회와 미련을 갖고 산다 는 점이다. 왜 우리는 매일 반복해서 후회할까?

길을 아는 것과 길을 걸어가는 것

미국의 신학자이며 사회학자인 토니 캄폴로Tony Campolo 박사는 95세 이상의 노인 50명에게 만약 다시 태어난다면 어떻게 살기를 원하는지를 물었다. 성별이나 직업, 출신지, 생활환경에 상관없이, 그들이 주는 교훈 은 크다고 생각한다.

그들이 첫 번째로 대답한 말은 "날마다 반성하는 삶을 살겠다."라는 것이었다. 거의 한 세기를 살아온 사람들이 공통적으로 대답한 것이, 되 돌아보지 않고 무심하게 흘려보낸 시간들에 대한 후회다. 아직 90세까지 살아보지 않았다면 귀담아들어야 할 이야기다.

'날마다 반성하는 삶'은 어떤 삶일까? 이에 대한 대답은 영화 '매트

릭스'에서 찾아볼 수 있다. 영화 속에서 모피어스는 이렇게 말한다.

"There is a difference between knowing the path and walking the path." 길을 아는 것과 길을 걸어가는 것은 차이가 있다는 뜻이다. 알고 있다고 변화하는 것은 아니다. 고치지 않고 후회만 늘어놓으면, 늘 제자리걸음일 수밖에 없다. 무엇을 후회하는지 정확히 알고 그것을 개선하는 것, 그것이 바로 한 세기를 살아온 분들이 주는 가르침이다.

하지만 반성하고 개선하는 것은 좀처럼 쉽지 않다. 중국 춘추시대의 유학자 증자는 매일 3가지 질문을 하면서 자신을 반성했다.

남을 위해 일을 도모하면서 최선을 다하지 않았는가?

벗과 사귐에 있어서 신의를 다하였는가?

스승으로부터 전수 받은 학문을 익히지 않은 바가 없는가?

소크라테스도 반성하지 않는 삶은 살 가치가 없다고 말한 바 있다. 그런데 반성보다 더 어려운 것이 있다. 바로 개선이다. 아이들의 일기장을 보면 종종 마지막에 '앞으로는 ~하지 말아야겠다.'는 말이 나온다. 하지만 대체로 마음만 먹지, 유심히 지켜보면 다음 날 같은 행동을 다시 한다. 물론 아이들만 그런 것은 아니다. 우리 자신을 비롯해서 반성만 하고 개선하지 않는 사람들은 생각보다 많다. 반성하는 삶에 익숙하지 않은 만큼 반성한 후에 어떻게 행동해야 하는지 잘 모르기 때문이다. 개선이 뒤

따르지 않는 반성은 허공에 쓴 글씨와 같다.

예를 들어 건망증이 심한 사람이 '메모를 해야지.' 하고 결심하지만, 한두 번 하다 그만둔다. 그 결심조차 잊어버리기 일쑤고, 생각이 나도 귀찮으니까 안 한다. 그러면 결국 '내가 그렇지 뭐.', '나는 어쩔 수 없어.' 하며 자기 탓만 한다. 현자賢者와 바보 둘 다 후회는 할 수 있다. 그러나 현자는 같은 후회를 두 번 하지 않는다.

하루에 대해 분석하고 반성할 시간을 갖는 것은 매우 중요하다. 너무 고단하다면 일단 쉬고 내일 아침에 해도 좋다. 반드시 오늘에 대한 분석이 있어야 내일의 목표를 제대로 세울 수 있다.

끝까지 달리게 해주는 힘

어느 날 아들이 바이올린 연습을 마치고 케이스에 넣는 것을 본 적이 있다. 그런데 그냥 넣는 것이 아니라 현을 느슨하게 풀어준 뒤에 넣었다. 내일 연습하려면 또 조율을 해야 할 텐데, 왜 힘들게 조율해놓은 현을 풀어놓는지 궁금했다. 이유를 물어보니 아들이 이렇게 대답했다.

"줄이 당겨진 상태에서 보관하면 줄을 거는 나무가 휘어지기도 하고 줄이 점점 가늘어져서 결국 끊어질 수도 있거든요. 그래서 연습이 끝나면 꼭 이렇게 풀어줘야 해요. 제 주변에 바이올린을 사람처럼 대하는 친구가 있어요. 그 친구는 현을 풀면서 바이올린에게 수고했다며 인사도 하고 다음에도 잘 부탁한다고 말해요. 그게 자신의 바이올린을 위한 보상이라고 하는데, 좀 이상하게 보이는 면도 있지만 한편으로는 이해도 돼요."

그 친구가 바이올린에게 수고했다고 하는 말은, 사실은 스스로에게 주는 칭찬의 말 아닐까? 우리도 마찬가지다. 적절한 보상 없이 달리기만 하는 사람들은 타이트하게 조여진 바이올린의 현처럼 끊어질 수도 있다. 때문에 풀어줄 수 있을 때는 풀어주는 것이 중요하다.

그런데 열심히 하는 것에만 초점을 맞추는 사람들은 언제 자신에게 보상을 주어야 할지 난감해 한다. 심지어 단 한 번도 자신에게 제대로 된 보상을 해본 적이 없는 경우도 있다. 반대로 별다른 노력을 하지 않았음에도 보상을 너무 자주 하는 사람들이 있다. 두 유형 모두 나중에 후회할 수 있다. 좀 쉬었다 갈 걸, 혹은 좀 더 노력해볼 걸 하고 말이다.

특히 남성들은 자신에게 적절한 보상을 하는 것을 어려워한다. 나이가 들수록 더 어려워진다. 개인차가 있겠지만 직장생활을 하거나 자녀를 둔 40~50대 남녀를 비교해보면, 특히 남성들의 경우 삶에 활력을 불어넣어주는 보상의 종류가 극히 제한적인 것 같다. 여성들은 친구들과 여행도 가고, 영화도 보고, 백화점, 미용실, 네일아트 등 여러 가지 방법으로 스스로에게 적극적으로 보상을 하지만, 남성들은 술 한잔하는 것 말고는 별게 없다. 물론 요즘 젊은 남성들은 그렇지 않지만, 가족이 있고 나이가 많을수록 자신에게 투자하는 것을 사치라고 생각한다. 보상이라고 하면 대개 돈을 써서 무언가를 한다는 선입견을 갖고 있기 때문이다.

그러나 보상은 반드시 금전적 혹은 물질적인 것만 있는 게 아니다. 몇날 며칠 야근으로 고생했다면 주말 내내 집에서 그동안 미뤄뒀던 영화를 몰아서 보는 것도 나에게 하는 큰 보상이다. 바빠서 친구들을 만나지 못했다면 한 끼 식사를 같이 하는 것도 좋다. 바쁜 하루에서 벗어나 자신에게 동기부여를 해줄 수 있는 것이라면 무엇이든 보상이 된다. 열심히 살아가면서 자신에게 적절하게 보상할 줄 아는 사람은 하루가 풍요롭다. 1분, 1초도 허투루 쓰지 않으려고 노력하는 것만큼, 그 노력에 대한 보상도 중요하다. 적절한 보상은 지지치 않고 끝까지 달리게 도와준다.

바이러스처럼 퍼지는 나쁜 감정을 장악하라

삼다수를 만드는 제주특별자치도개발공사에서 교육과 컨설팅을 하던 때의 일이다. 공장을 견학하던 중, 아주 독특한 장면을 발견했다. 물탱크에 '사랑', '감사'라고 쓰인 스티커가 붙어 있고, 클래식 음악이 흘러나오고 있었다. 호기심 어린 얼굴로 쳐다보니 안내해주던 분이 친절하게 설명해주었다.

"물의 결정이 외부 환경에 따라 때로는 아름답게, 때로는 일그러져 나타난다는 사례가 있었어요. 물의 입자를 현미경으로 들여다보면 긍정적인 말을 들은 물의 입자는 꽃처럼 아름다운 반면, 부정적인 말을 들은 물의 입자는 바늘처럼 날카롭답니다. 그런데 더 놀라운 것은 직접 물에 말을 하지 않고 실험하는 그릇에 긍정적인 말과 부정적인 말을 써놓아도 같은 결과가 나온다는 거예요."

물론 이 이야기가 비과학적이라고 비판하는 사람도 있을 것이다. 비록 모든 과학자가 인정하는 주장은 아니더라도, 제품이 만들어지는 과정에 사랑과 감사의 메시지를 담아서 하나의 스토리로 만들어나가는 것이 의미 있어 보였다.

부정적인 감정과 긍정적인 감정이 사물에 어떠한 영향을 미치는지는 확실치 않다. 하지만 확실한 것은 하나 있다. 사람은 주변으로부터 영향을 받는다는 것이다. 수많은 연구결과들이 증명하듯이, 사람은 마치 감기 바이러스처럼 타인이나 주변 환경으로 인해 감정의 변화를 겪는다. 심리학에서는 이를 감정전염emotion contagion이라고 한다. 감정전염이란 다른 사람의 표정, 말투, 목소리, 자세 등을 자동적이고 무의식적으로 모방하고 자신과 일치시키면서 감정적으로 동화되는 경향을 의미한다.

특히 사람들은 부정적인 감정에 더 쉽게 영향을 받는다고 한다. 시카고 대학의 존 카시오포John Cacioppo 심리학과 교수는 부정적인 감정이 긍정적인 감정보다 전염성이 높다고 주장했다. 그의 연구에 따르면 공포, 슬픔 같은 부정적 감정은 인간의 생존본능에 직접적으로 연결되어 있기 때문에 더 민감하게 반응했다고 한다.

조직생활을 하다 보면 쉽게 볼 수 있는 현상이다. 교실이나 부서에 있는 누군가가 엄청나게 분노한 상태라고 가정해보자. 순식간에 분위기가 냉랭해진다. 내가 혼난 것도 아닌데, 괜히 기가 죽는다. 사무실 저쪽에서 몇몇 동료가 언쟁을 하면 나와 전혀 상관없는 일이어도 마음이 불편해진다. 부정적인 감정은 긍정적인 감정보다 훨씬 빠르게 나에게 전염된다.

특히 우리나라의 직장인과 학생들은 하루 중 조직생활을 하는 시간이 다른 어느 나라보다도 월등히 길다. 학교든 직장이든, 짧게는 9시간, 길게는 12시간 넘게 얼굴을 마주해야 하는 생활을 하다 보면, 다른 나라에 비해 조직구조가 점점 관계지향적으로 바뀔 수밖에 없다. 조직이 편해야 내가 편해지는 것이다. 이런 조직은 부정적인 감정이 훨씬 쉽게 전염된다. 성적이나 성과에 대한 압박, 과다한 노동량, 치열한 경쟁, 복잡한 금전관계 등으로 인한 피로도가 상당한데, 거기다 조직 내 인간관계와 분위기까지 마음을 불편하게 만드니 스트레스 수준이 심각해진다.

실제로 스트레스 때문에 직장을 그만두고 싶다는 직장인이 10명 중 9명이 넘는다. 최근 1년간 자신의 감정상태가 부정적이었다고 응답한 직장인도 응답자의 31%에 육박한다. 이처럼 많은 직장인들이 우울, 불안, 좌절, 권태 등의 부정적인 감정들을 쉽게 경험한다. 직장인뿐만이 아니라 대다수의 현대인들은 과도한 스트레스에 노출되어 지쳐 있다. 이러한 부정적인 감정들은 마치 신체에 침투한 바이러스처럼 처음에는 눈에 띄지 않지만 시간이 지날수록 서서히 건강을 해친다. 집중력을 떨어뜨리고 의사결정을 방해하기도 한다.

"진짜 짜증 나.", "되는 일이 하나도 없어."라고 말하는 친구 옆에 있다 보면, 왠지 나도 오늘 그랬던 것처럼 느껴진다. 나도 모르게 그 감정에 쉽게 동조되는 것이다. 스스로도 부정적인 생각을 하지 않도록 주의해야 하겠지만, 부정적인 환경에 노출되지 않는 것도 중요하다. 담배를 직접 피우지 않아도 간접흡연으로 영향을 받을 수 있는 것처럼 말이다.

후회가 늘 나쁜 것만은 아니다. 우리는 후회를 함으로써 더 단단하게 성장할 기회를 얻기도 한다. 후회는 곧 행동개선의 단서가 되니까. 반대로 후회라고는 모르는 사람은, 어디서 어떻게 성장해야 하는지 쉽게 찾아내지 못한다. 게다가 '이 정도면 훌륭하지.' 하는 생각 역시 나의 성장을 가로막는다. 그러니 후회와 미련도 긍정적으로 받아들이고, 어떤 부분을 개선하고 어떻게 성장할지 찾아볼 필요가 있다. 반성이 행동으로 이어질 때 우리는 하루하루 성장하는 삶을 살게 된다.

과이불개 시위과야

過而不改 是爲過也

잘못된 줄 알면서도 고치지 않으면

그것이야말로 진정한 잘못이다.

_논어

Part 2

'완벽한 하루'를 만드는 7가지 키워드

1. 단절 _
변화는 과거와의 단절로부터 온다

술주정뱅이 아버지와 두 아들

술주정뱅이 아버지를 둔 두 아들이 있었다. 한 아들은 아버지와 같은 술주정뱅이가 되었고, 한 아들은 의사가 되었다. 너무나 다른 삶을 살아가는 두 아들에게 누군가가 질문했다. 먼저 술주정뱅이가 된 아들에게 물었다.

"왜 술주정뱅이로 사나요?"

"아니, 그걸 말이라고 하시오? 술주정뱅이 아버지한테 배울 게 술 말고 뭐가 있겠소? 내가 술주정뱅이가 된 것은 다 아버지 때문이오!"

의사가 된 아들에게도 질문했다.

"어떻게 의사가 될 수 있었나요?"

"제 아버지는 술주정뱅이였어요. 아버지를 보며 생각했죠. '나는 결코 술주정뱅이가 되지 말아야지.'라고요. 그래서 술을 늘 멀리했어요. 그리고 술주정뱅이를 치료해줄 수 있는 의사가 되어서 아버지처럼 고통 받는 사람이 없기를 바랐어요."

삶을 변화시키기 위해 가장 먼저 해야 할 것이 무엇일까? 변화를 두렵게 만드는 요인들을 찾아내어 그것을 받아들이는 것이다. 그다음으로는 그것으로부터 자신을 단절시켜야 한다.

의사 아들은 아버지가 술주정뱅이라는 사실을 인정하고, 자신은 그런 삶을 살지 않겠다고 결심했다. 그래서 술로부터 자신을 단절시켰다. 그러나 단절시키지 못한 술주정뱅이 아들은 아버지의 인생을 그대로 물려받았다.

변화를 방해하거나 위협하는 요소를 찾아내는 것은 비교적 쉽다. 하지만 그것을 단순히 부정하는 데서 끝나는 게 아니라, 그 원인으로부터 자신을 단절시켜야 한다. 확실하게 끊어내지 않으면 어쩔 수 없이 똑같은 하루를 살아가게 된다.

내 인생에 가장
중요한 날은,
바로 오늘

한 아들에게는 알코올중독을 물려주고, 다른 아들에게는 의사라는 직업을 선택하게 만든 아버지의 과거를 한번 재구성해보자.

30년 전, 그는 학교를 졸업하자마자 영업사원으로 직장생활을 시작했다. 그의 첫 직장이자 15년간 일한 회사에는, 영업을 잘하려면 고객과 친밀감을 쌓으라는 경영철학이 있었다. 그런데 내성적이던 그는 영업사원의 가장 중요한 업무인 고객접대에 어려움을 겪었다. 상품을 홍보하고 명함을 건네주려고 해도 귀담아 듣는 고객들이 별로 없었고, 심지어 처음 만나는 사람들은 그에게 관심도 갖지 않았다.

그런 아버지는 일을 잘해보고 싶어서, 사수가 알려준 방법을 써보기로 했다. 바로 '술'이다. 고객과 친해지려면 직접 만나서 술을 마시는 방법이 최고라고 들었기 때문이다. 처음 만나는 자리에서는 말솜씨가 부족해 관심을 받지 못했지만, 일단 술이 들어갔다 하면 소위 필름이 끊어질 때까지 폭음도 마다하지 않았다. 술기운을 빌어 사람들을 웃기기도 했다. 그래서 그런지 그와 술을 한번 마시고 나면 고객들은 그를 다시 찾았다.

생계를 책임지는 가장의 직장생활은 어느 것 하나 호락호락하지 않았다. 몸이 10개라도 부족할 지경으로 달리고 또 달렸다. 그래도 할만했다. 고객과 술을 마시고 나면 서명된 계약서가 다음 날 손에 쥐어졌으니까. 그에게 술은 가장 큰 경쟁력이자 영업무기가 되어버렸다.

퇴직한 후에도 그에게 술은 단순히 취하기 위해 마시는 것이 아니었다. 과거에 잘나갔던 모습을 떠올리는 매개체고, 없던 용기를 다시 만들어주는 마법의 묘약이었다. 그래서 그는 술이 주는 기쁨에 취해 이제는 술이 없으면 살 수 없는 지경이 되어버렸다.

이 사례는 극단적인 상황이긴 하지만 우리 주변에서 종종 찾아볼 수 있다. 과거의 자신에게 빛나는 성공을 안겨준 술이라는 성공공식이 이제는 가정불화의 근원이 되었음을 직시하지 못한다. 그저 과거에 잘나갔었다는 이야기만 무한 반복할 뿐이다.

사람들은 과거의 성공이나 영광에 대해서 말하기를 좋아한다. 보통 첫마디는 '내가 왕년에~'로 시작하는데, 남자들은 주로 17대 1로 싸워서 이겼다는 영웅담을, 여자들은 학창시절에 이성에게 인기가 많아 피곤했다는 이야기를 자주 한다. 직장생활을 하다 보면 리더가 팀원들을 훈계할 때 "나는 너만 할 때도 충분히 성과를 냈다. 입사 3개월 만에 지점 매출 1위를 기록했다."라며 자신의 성공담을 자랑스럽게 늘어놓는다.

남의 성공담을 듣고 그것이 100% 사실이라고 믿는 사람은 별로 없다. 기억이라는 것은, 의식적이든 무의식적이든 말하는 사람에게 유리한 방향으로 왜곡되고 과장되기 마련이니까. 시간이 지나면 작은 성공도 큰 성공으로 부풀어져 기억된다. 인기가 많았든 엄청난 성과를 이뤄냈든, 성공했던 과거에 도취되면 그 늪에서 빠져나오기 힘들다. 왕년에 멋졌던 모습을 현재의 자신이라고 생각하기 때문에 더더욱 그렇다. 그런데 문제는, 그렇게 부풀려진 자신의 모습에 취해 있으면 변화와 학습의 필요성을 느끼지 못하고, 새로운 것을 받아들이지 않는다는 것이다.

왕년의 성공이 영원할 것이라는 착각

실패도 마찬가지다. 과거 한때 실패를 경험한 사람은 그때 그 모습만 기억한다. 대충 해도 일이 잘 풀리는 사람은 '난 늘 운이 좋았으니까 이번에도 잘될 거야.' 하고, 반대로 뭔가 일이 꼬이는 사람은 '난 뭘 해도 안 되는 사람.'이라고 단정한다. 성공도 실패도 영원한 것은 없는데, 과거의 모습이 영원할 것이라고 착각한다.

임진왜란이 일어나기 1년 전인 1591년, 일본의 수상한 정세를 알아보기 위해 선조는 서인과 동인을 각각 1명씩 일본에 파견한다. 그런데 어찌된 일인지 귀국한 두 사람의 보고내용이 판이하게 달랐다. 서인 측의 황윤길은 "머지않아 병화兵禍가 있을 것"이라고 보고한 반면, 동인 측의 김성일은 "일본의 수장인 도요토미 히데요시는 조선을 침략할 위인이 못 된다."라고 이야기했다.

선조는 누구의 말을 들어줬을까? 전쟁은 결코 일어나지 않을 거라는 동인 측에 손을 들어주었다. 만약 서인 측의 주장을 듣고 일본의 침략에 대비했더라면 과거의 뼈아픈 역사가 바뀔 수도 있었을 텐데, 왜 선조는 그런 선택을 했을까? 그리고 왜 동인 측은 전쟁이 일어나지 않을 거라고 단언했을까? '지금껏 무탈했다.'는 것이 그 이유였다.

고려 때까지만 해도 북방 이민족의 침입이 빈번했던 당시 상황과 비교해보면, 조선은 한편으로는 태평성대에 가까웠다. 선조는 전쟁의 기운을 느껴서 사신을 파견했고 동인 역시 일본의 위협을 인지했지만, 오랜 시간 이어진 평화가 영원할 것이라고 착각해 전쟁에 대비하지 않았다. 그 결과 조선은 건국 200여 년 만에 평화가 깨지고 임진왜란이 발생했다.

좋은 일이든 나쁜 일이든 같은 일이 반복되면, 다른 하루를 만들어볼 용기가 나지 않는다. 하지만 변화는 과거와의 단절로부터 온다는 것을 기억해야 한다. 과거를 단절시키려면 무엇이 필요할까? 바로 결단이다. 선조는 전쟁을 예감했지만 결단하지 못했다. 왕년의 성공이라는 늪에 빠져 오늘을 제대로 살지 못하면 결단할 수 없다.

과거의 기억을 조작하는가?

과거에 연연하지 않기 위해서는 객관적인 사실fact로 판단할 수 있어야 한다. 현재를 과거와 분리시켜야 지금 벌어진 사실을 제대로 볼 수 있는데 사람들은 어떻게든 과거를 연결시켜 생각한다.

2003년에 일어난 컬럼비아호 공중폭발 사건에 관한 NASA의 자료를 보면, 우주왕복선 프로젝트 초기부터 NASA 관리자들은 단열재에 문제가 있다는 사실을 알고 있었다. 하지만 큰 사고 없이 수십 차례나 발사에 성공하자, 그저 유지 관리하는 정도에만 신경을 썼고, 결국 돌아오는 길에 컬럼비아호는 공중에서 폭발하고 말았다.

컬럼비아호 사고조사위원회 위원인 사회학자 다이앤 보언Diane Vaughan은 이를 '표준 이탈의 정상화'라고 불렀다. 쉽게 말해, 비정상적인 상황이 별 문제없이 지속되면 사람들은 이것을 정상으로 받아들인다는 것이다. 분명 문제가 있다는 것을 발견하고도 계속 성공하니 문제가 없다고 생각하고 사실을 외면해버렸다.

과거의 기억을 조작하면 현재의 상황을 직시할 수 없다. 변화와 학습을 피하는 방향으로 기억이 조작되기 때문이다. 바보들은 항상 결심만 한다. 과거와 이별하는 '결단'이 필요하다. 더 이상 미뤄서는 안 된다. 매일 빠르고 정확한 결단을 내리도록 스스로 훈련해야 한다. 성공이든 실패든 과거의 늪에 빠져 오늘 하루를 헛되이 보내지 말라. 시인 롱펠로우는 이런 말을 했다. "미래를 신뢰하지 마라. 죽은 과거는 묻어버리고, 살아 있는 현재에 행동하라." 오늘은 과거를 회상하는 하루가 아니라 객관적인 사실로 현실을 직시하면서 목표에 한 걸음씩 다가가는 하루여야 한다.

결단하는 하루를 위해 나에게 던지는 질문

지금 나에게 가장 중요한 일과 가치는 무엇이고 사람은 누구인가?

_____

_____

_____

_____

내가 자주 언급하는 과거 성공경험이 있는가? 과거의 성공이 영원할 거라고 착각했던 경험, 그 착각 때문에 실패했던 경험이 있는가?

_____

_____

_____

_____

객관적인 사실에 근거해 판단하지 못해서 실수를 저지른 경험은 없는가?

_____

_____

_____

_____

남의 인생을
대신 살아주고
있나?

한 소년이 있었다. 고3때 적성검사를 해봤더니 문과계열 점수가 98점으로 두드러지게 높았다. 하지만 소년은 의대를 선택했다. 아버지, 형, 그리고 사촌형제와 사위들까지 의사가 9명이나 되는 집안에서 자라면서, 소년 역시 의사가 돼야 먹고사는 줄 알았기 때문이다. 그래서 다른 길은 생각도 안 하고 의대에 진학했다.

그런데 의대에 다니다 보니 앞으로의 인생이 막막했다. 평생 찡그리는 환자들의 얼굴을 보면서 살 생각을 하니 숨이 막힐 지경이었고, 성적도 점차 뒤쳐져 갔다. 소년은 의대 공부가 점점 싫어졌고, 대신 TV에서 나오는 광고에 관심이 커졌다. TV 광고를 찍는 일을 하면 멋진 남녀들과 어울릴 수 있을 것 같았고, 삶이 다이내믹해질 것 같았다.

소년은 큰맘 먹고 의대를 중퇴하고 뉴욕대학교 TV영화학과에 진학했다. 짧게만 느껴지는 대학교 과정을 마무리할 때쯤, 그 소년은 '영창'이라는 제목의 졸업 작품을 찍었다. 늘 한국적인 것을 담고 싶어 했던 소년은 자갈치 시장에서 구입한 군복과 군대소품을 사용했다. 그리고 그 작품은 1등에 선정되어 모두를 놀라게 했다.

사나이들의 우정을 그린 영화 '친구'의 곽경택 감독의 이야기다. 자신의 꿈을 위해 힘들게 들어간 의대를 과감히 포기하고 자신의 길을 찾아간 그에게는, 안정된 삶을 포기하고 새로운 것에 도전하는 용기가 있었다.

아마도 그 용기는 자기 자신에 대한 믿음에서 나왔을 것이다. 사람은 스스로에 대한 믿음이 있다면 무슨 일이든 해낸다. 그 믿음은 어떤 시련이 닥쳐와도 버틸 수 있는 뿌리 같은 것이기 때문이다.

내게 조언을 부탁하며 찾아오는 사람들을 보면, 가끔 남의 인생을 대신 사는 것 같아 보인다. 부모님이 가라는 명문대에 가고, 가족이 원하는 직업을 선택하고, 남들이 선망하는 직장에 들어간다. 진정으로 자기가 원하는 길인지 고민하기보다는 그냥 남들의 충고나 시선을 기준으로 선택한다. 남의 경험을 충분히 고민해 내 것으로 만들면 좋은데, 곧이곧대로 맹신하는 경우도 많았다.

한 다큐멘터리에서 엄마가 정해준 기계적인 하루를 살고 있는 초등생의 인터뷰를 본 적이 있다. "밖에서 뛰어놀고 싶을 때도 있지만 좋은 대학에 가려면 이렇게 공부를 해야 되요. 친구들도 다 이렇게 해요. 저보다 더 열심히 하는 친구도 있어요." 당연하다는 듯이 이야기했다. 혹시 나도 내 아이들을 저렇게 대하지는 않았나 하는 생각에 얼굴이 화끈거렸다. 좋은 대학이라는 목표는 누가 정해준 것일까? 엄마의 목표일까, 아이의 목표일까? 어디서부터 어디까지가 좋은 대학일까? 세계 1위의 대학일까, 아이가 공부하고 싶은 분야를 공부할 수 있는 곳일까?

정지하는 법을 배워야 하는 이유

우리나라 사람들은 대체로 비슷비슷한 삶을 살아간다. 중학교와 고등학교를 거쳐 정규 교육과정이 끝나면 그 이후의 삶은 스스로 정해야 하지만, 다들 대학에 가지 않으면 무슨 큰일이라도 나는 것처럼 재수, 삼수를 해서라도 대학에 간다. 특별히 하고 싶은 공부나 꿈이 있어서라기보다는 그저 서울 유명 대학에 가는 게 목적이다. 그러다 보니 고등학교 3년 내내 전쟁 아닌 전쟁을 치른다. 입시전쟁에 뛰어든 우리나라 고등학생들에게는 조금의 여유도 허락되지 않는다.

그런데 학생들에게 어떻게 살아가야 할지 천천히 고민할 시간을 주는 놀라운 나라가 있다. 이 나라는 UN이 세계 156개 나라를 대상으로 행복지수를 조사할 때 1위를 기록하기도 했다. 이 나라의 국민들이 행복을 느끼는 이유는 다양하겠지만, 그중에서도 가장 중요한 이유는 바로 학생들에게 자신의 인생을 어떻게 살지 스스로 고민하고 선택하도록 국가와 사회가 보장해주는 교육 시스템 덕분이다.

덴마크의 애프터 스쿨After School 이야기다. 덴마크인들은 학창시절에 정지하는 법을 배움으로써 어떤 인생을 살 것인지 설계한다. 애프터 스쿨은 일종의 자유학교로, 고등학교나 직업학교로 진학하기 전에 1년 동안 자신의 인생을 설계해볼 수 있는 과정을 제공한다. 의미 없이 앞만 보고 달려가는 것이 아니라, 청소년기에 1년이라는 시간을 투자해 자신의 삶을 되돌아보고 앞으로의 인생을 설계해보는 것이다.

애프터 스쿨의 교장은 "스스로 결정하는 법을 배우는 것이 매우 중요하다."라고 강조한다. 또한 아이들이 부모를 떠나 이 학교에서 자립심을 키울 수 있기 때문에 부모들도 좋아한다고 한다. 잠시 멈춰서 자신이 진정으로 원하는 것이 무엇인지를 고민하면, 행복해질 수 있는 방법을 찾고 하루를 더욱 풍요롭게 살 수 있다. 결국 멈추지 못한 사람들보다 원하는 바를 먼저 이룰 것이다.

우리 인생에도 애프터 스쿨이 필요하지 않을까? 한쪽으로 편중되는 정보와 우리를 불안하게 만드는 사회 시스템도 문제지만, 가장 큰 문제는 정작 자기가 무엇을 원하는지 모른다는 것이다. 진지하게 시간을 들여 생각해본 적이 없기 때문이다. 오늘 당신은 학생이니까 당연히 공부를 했고, 직장인이니까 당연히 일을 했겠지만 왜 했는지는 잘 모른다.

남이 시키는 대로만 살면 정작 주도적으로 살아야 할 때 그러지 못한다. 어렸을 때부터 부모님 말씀 잘 듣고 성실하게 살아왔다면 잠깐만 멈춰서 스스로에게 질문해보자. 남이 시키는 대로 살지 않기 위해 오늘 내가 무슨 일을 해야 하는지, 내가 원하는 것은 무엇인지, 왜 그것을 원하는지, 앞으로 어떤 삶을 살고 싶은지와 같은 궁금한 모든 것을 스스로에게 질문하고 답해보자. 그러다 보면 주체적인 삶이 보인다.

내가 만든 요리가 세상에서 제일 맛있다

그런데 많은 사람들이 스스로에게서 답을 얻지 않고, 타인의 선택에 인생을 맡긴다. 가장 큰 이유는 아마도 핑계거리를 만들어 도망가고 싶기 때문일 것이다. 엄마가 원하는 대학과 전공을 선택했는데, 막상 가보니 적성에도 맞지 않고 성적도 안 나온다면 엄마 핑계를 댄다. 엄마가 시키는 대로 해서 성적이 이 모양이라고. 하지만 그것을 선택한 사람은 바로 나다. 그리고 모든 선택에는 책임이 따른다.

어릴 때부터 부모가 모든 것을 선택해준 사람들은 사소한 것도 스스로 선택하지 못하고 미루거나 타인에게 의존한다. 책임지는 게 두렵기 때문이다. 오죽하면 '결정장애'라는 신조어도 나왔을까. 어느 한쪽을 고르지 못해 괴로워하는 심리를 뜻하는 말인데, 요즘 젊은 세대들이 자주 쓴다. 실제로 SNS에서도 '결정장애' 세대 사이에서 놀라운 일들이 벌어지고 있다. 점심메뉴를 골라주는 어플이 있는가 하면, SNS에 오늘 어떤 옷을 입을지 골라달라는 글도 올라온다. 하지만 어플이 골라준 점심을 먹고, 낯모르는 타인이 골라준 옷을 입고 나가면 정말 행복할까? 설령 적절한 대답을 받았다 해도 그게 무슨 의미가 있을까?

스스로 무언가를 해본다는 것은 생각보다 큰 영향을 미친다. 나에게는 그중 하나가 요리다. 나이도 있고 남자라서 그런지 나는 요리를 직접

해본 경험이 별로 없었다. 그러던 어느 날, 가족들은 모두 여행을 떠나고 회사 일로 함께 가지 못한 나는 저녁을 직접 해먹어야 했다. 뭘 해먹으면 좋을까 생각하다가 야채만 넣은 카레를 만들어야겠다고 생각했다. 가족들은 돼지고기를 넣은 카레를 좋아하는데, 나는 고기를 먹지 않기 때문에 내 입맛에 맞춘 카레를 만들어보기로 했다.

늘 아내가 해주는 음식을 먹기만 했던 나에게 요리는 생각보다 복잡한 일이었다. 일단 채소를 하나하나 씻고 다듬어 썰어야 했다. 그리고 그것을 그냥 한꺼번에 넣고 끓이면 채소의 맛을 살릴 수가 없어서 먼저 센 불로 볶았다. 간단해 보였지만 만만치 않았다.

'세상에서 가장 맛있는 음식은 바로 자신이 만든 음식'이라는 우스갯소리처럼, 그날 내가 만든 카레는 지금껏 먹어본 카레 중 단연 으뜸이었다. 내가 좋아하는 재료만을 넣어서 그랬을 수도 있지만, 일련의 요리 과정을 나 혼자 경험해볼 수 있었기 때문이 아닐까?

우리는 누군가가 차려준 밥상을 받아먹기만 하면서 하루하루를 살고 있는 것 같다. 고생하는 것이 싫고 시행착오를 겪는 것이 싫어서, 남들이 시키는 대로, 남들이 하는 대로 따라 한다. 어찌어찌 하다 보면 그들과 비슷한 결과를 얻을 수도 있겠지만 그 결과가 나오기까지 과정의 참맛은 느낄 수 없다. 주체가 아니기 때문이다.

어떤 맛이 나는지도 모르는 채 배를 채우기 위해 음식을 섭취하는 것이 의미가 없는 것처럼, 하루의 참맛을 느끼지 못하고 그저 살아가는 것에만 의의를 두는 사람들이 많다.

고전강의로 유명한 박재희 박사는 인생에 8가지 맛이 있다며 인생 팔미人生八味를 소개한 적이 있다. 음식미飮食味, 직업미職業味, 풍류미風流味, 관계미關系味, 봉사미奉仕味, 학습미學習味, 건강미健康味, 인간미人間美가 바로 그것이다. 하루에 한 가지라도 스스로 느끼고 감동받아야만 인생에 대한 깨우침을 얻을 수 있다.

오늘부터 과거의 습관들을 과감하게 뽑아버리자. 진학이나 취업 같은 선택의 기로 앞에서 남의 시선을 신경 쓰지 말고 당당하게 선택하라는 말이다. 주체가 되면 어떠한 상황에서도 올바른 의사결정을 할 수 있다.

오늘 나는 누구의 하루를 살았는가? 부모님이 원하는 딸? 후배들이 우러러보는 선배? 아니면 TV에 나오는 유명인사를 따라 하지는 않았는가? 누구의 하루를 살았는지 생각해보면 내가 누구의 영향을 가장 많이 받고 있는지 알 수 있다. 이제부터라도 남의 인생은 그만 따라 하고, 나만의 하루를 살아야 한다.

걸단하는 하루를 위해 나에게 던지는 질문

지금 내 상황에서 정지할 수 있는가? 정지하고 나서 무엇을 고민해야 하는가?

중요한 선택을 누군가에게 미루어본 적이 있는가? 그래서 잘된 경험과 잘못된 경험이 있는가?

오늘 하루 동안 느끼고 감동 받은 인생의 참맛은 무엇인가?

성공을
먼저
생각한다

생전 처음 해보는 일 앞에서는 누구나 두렵다. 심지어 매일 지각하는 학생이 '내일은 절대 지각하지 말아야지.' 하고 결심하는 순간에도, '내가 과연 일찍 일어날 수 있을까?' 하는 의심과 걱정이 앞선다. 부정적인 생각이 먼저 들어 걱정만 하다 아무것도 못하는 경우가 많다.

왜 이렇게 걱정부터 앞설까? 1부에서 살펴보았듯이 뇌는 효율을 추구하기 때문에 기존에 하던 습관대로 행동하게 만든다. 새로운 시도를 하려면 많은 에너지가 필요하다. 그래서 과거의 나와 단절하기가 어렵다. 또한 우리는 과거의 실패 경험 때문에 '또다시 실패하고 말 거야.'라고 생각하기도 하고, 성공만 기억해주는 세상에서 실패한 나의 모습을 미리 떠올리며 창피해하기도 한다. 물론 소극적인 성격이어서 그럴 수도 있다.

'걱정이 태산', '걱정도 팔자'라는 말이 있다. 정도의 차이는 있겠지만, 세상에 두려움이나 근심, 걱정이 없는 사람은 없다. 그런데 걱정이 많은 사람들의 공통점을 과학자들이 발견했다. 다른 사람들에 비해 뇌의 영역 중 '대상회cingular gyrus'가 과도하게 활동한다는 점이다. 대상회는 변연계의 일부인데, cingular는 라틴어로 '허리띠'라는 뜻이다. 생각뇌와 감정뇌 사이에 허리띠 모양으로 위치하고 있다고 해서 붙여진 이름이다. 대상회는 한 가지 생각에서 다른 생각으로 주의를 전환하게 해주고, 여러 가지 선택 사항을 살펴보게 함으로써 이성적인 사고를 가능하게 해준다.

그런데 만약 대상회에 과부하가 걸리면 이성적인 사고를 못하고 기쁨과 행복을 느끼는 감정뇌가 억눌린다. 불필요한 걱정을 과도하게 하고, 어떤 일이 뜻대로 되지 않았을 때 혼란을 느낀다. 강박행동이 나타나거나 변화에 대해 심각하게 거부하고, 매사에 부정적으로 생각하는 경향이 나타난다. 심지어 긍정적인 감정을 조절하는 영역이 작동하지 않아 아무 이유 없이 공포심을 느끼거나 불안에 떤다.

성과 때문에 고민이 많은 직장인들을 상담해주는 경우가 많은데, 이들의 이야기를 들어보면 역량이나 조직의 문제가 아니라 마음의 문제인 경우가 많았다. 부정적인 사람들의 상당수는 합리적인 근거 없이 꼬투리를 잡는 경우가 많다. 해봐야 실패할 게 뻔하다, 왜 그렇게 힘들게 하느냐, 내가 지금 그럴 상황이 아니다 등 불평만 늘어놓으며 상황을 불안으로 몰고 간다. 이들은 당장 자신들에게 도움이 될 만한 대안이나 방법을 알려달라고 요구하지만, 부정적인 사람들에게는 곧바로 대안을 주기 전에 한 단계가 더 필요하다. 그들의 생각과 마음을 치유해주는 단계다.

앞에서 얘기했듯이, 부정적인 생각이 과도한 사람들은 대상회에 에너지가 지나치게 몰린 경우가 많다. 그 에너지 불균형을 개선하려면 집착하는 하나의 생각에서 벗어나는 것이 가장 기본적인 해결법이다. 부정적인 사람이 하루아침에 긍정적인 방향으로 사고패턴을 변화시키기가 사실은 쉽지 않다. 하지만 대상회의 정상적인 작동을 방해하는 요인이 무엇인지 파악하고 그것을 없애면 근본적인 해결이 가능해진다.

사실은 준비가 덜 되어서 두려운 것

얼마 전 창업을 고민하는 한 후배와 저녁식사를 했다. 나 역시 잘 다니던 대기업을 박차고 나와 20여 년간 회사를 꾸려온 터라 그는 나에게 조언을 부탁했다. 얘기를 들어보니 사업도 하고 싶고, 뭔가 터닝포인트를 만들어서 제2의 인생도 살아보고 싶은데, 막상 시작하자니 너무 불안하고 두렵다는 것이었다. 사실 직장인에게 창업은 안정된 삶을 버려야 하는 선택이고, 생계를 책임져야 하는 가장이라면 심적 부담이 더욱 클 수밖에 없다. 이러지도 못하고 저러지도 못하는 후배에게 나는 이런 질문을 했다.

"사실은 준비가 안 되어 있어서 두려운 것 아닐까?"

시작하기 전에 모든 것을 완벽하게 준비할 수는 없지만, 어느 정도 성공 가능성이 보일 만큼은 준비할 수 있다. 예를 들어 음식점을 창업하고 싶다면, 먼저 잘되는 식당에 가서 어떻게 운영되는지 직접 배워볼 수도 있다. 곧바로 가게를 열기보다는 작은 것부터 소소하게 팔아보면서 사업감각을 익히는 방법도 있다. 총각네 야채가게 이영석 대표도 처음에는 한강에서 오징어를 파는 것으로 시작했다고 한다.

창업하고자 하는 분야에 대해 지속적으로 배우고 준비하면 두려움이 줄어든다. 또한 성공했을 때의 모습을 구체적으로 상상할수록 불안이 줄어든다. 성공할 수밖에 없는 방법이나 시나리오를 미리 구성해보면 결과를 예측할 수 있기 때문이다. 성공한 나의 모습을 생각해보면서 그 모습에 가까워지도록 스스로를 만들어나가는 것이 중요하다. 원하는 바가 이루어진 상태나 모습을 상상해보면 누구나 마음이 설레고 그 일을 이루기 위해 지금 당장 무엇을 할 것인지 행복하게 고민할 수 있다.

사람을 계속 성장시키고, 앞으로 나아가게 만드는 힘은 긍정적인 사고에 있다. 무조건 낙관하라는 말이 아니다. 노력이나 행동 없이 막연히 잘될 거라고 생각하는 것은 긍정적인 사고가 아니다. 긍정적인 사람들은 성공할 수밖에 없는 방법을 찾아내고 성공 가능성을 높이기 위해 많은 에너지를 쏟는다. 신기하게도 에너지를 쏟으면 쏟을수록 더 많은 에너지가 생긴다. 그러한 에너지는 지속적인 노력으로 이어지고, 성공에 대한 확신은 점점 더 확고해진다.

현대그룹 고故 정주영 회장의 어록 중 가장 유명한 것이 "해봤어?"다. 그가 얼마나 긍정적인 생각으로 살았는지를 짐작하게 한다. 가난한 집안의 가출 소년이 맨주먹으로 세계적인 기업을 일구어낸 힘은 바로 그 "해봤어?"에서 나왔을 것이다. 삼성그룹의 고故 이병철 회장 또한 "우리도 반도체 할 수 있다."는 생각으로 반도체 사업에 뛰어들었다. 당시에 반도체 시장은 이미 일본이 장악하고 있어 '계란으로 바위 치기'가 뻔했는데도 말이다. 그 결과는? 반도체 분야는 삼성이 세계 1위다. 성공을 먼저 생각하지 않았다면, 한국경제를 부흥시킨 두 주축도 없었을 것이다.

지치지 않는 에너지를 가진 사람들의 공통점 중 하나는 늘 긍정적인 생각과 밝은 미소를 가지고 있다는 점이다. 그들과 대화를 나누어보면 주위 사람들에게까지 긍정적인 에너지가 전달된다. 이 에너지가 지속적으로 발산되면 일종의 매력요인이 되고, 많은 이들이 그와 함께 하길 원하니 꿈을 이루기도 쉬워진다.

반면 부정적인 사람은 아무리 노력해도 변치 않는 사회구조 속에서 자신이 무얼 할 수 있느냐고 한탄한다. 그런 사람을 만나면 힘이 빠진다. 부정적인 생각은 발목에 채워진 족쇄와 같다. 족쇄를 달고 있으면 행동반경이 좁아지고 쉽게 지친다. 생각을 조금만 바꾸면 지금 내 발목에 무겁게 채워진 족쇄를 풀 수 있다.

감정 때문에 이성이 마비될 때

1950년대 스코틀랜드의 항구에서 한 선원이 짐을 다 내렸는지 확인하기 위해 냉동고로 들어갔다. 그런데 마침 지나가던 동료가 안에 아무도 없는 줄 알고 냉동고의 문을 잠가버렸다. 냉동고에 갇혀버린 선원은 소리를 지르고 문을 두드렸지만 아무도 오지 않았다. 그는 점점 두려워졌고, '곧 얼어 죽겠구나.' 하고 생각했다. 그의 몸은 점차 차가워졌고, 결국 온

몸이 얼음처럼 굳어버렸다.

마침내 배가 목적지인 리스본에 도착한 후에야 선원이 발견되었다. 안타깝게도 얼어 죽은 상태였다. 냉동고 벽면에는 그가 죽어가면서 뾰족한 쇳조각으로 기록한 하루하루의 흔적도 있었다.

그런데 놀라운 반전이 있다. 당시 냉동고는 냉동시스템이 가동되지 않아 온도가 19도였으며 먹을 음식도 충분했다는 것이다. 결과적으로 창고에 갇힌 선원은 생각만으로 자신을 얼어 죽게 만들었다. 이 이야기는 베르나르 베르베르가 쓴《상대적이며 절대적인 지식의 백과사전》에도 인용된 유명한 실화다.

감정은 이성적인 판단을 방해한다. 이 이야기에 등장하는 선원도 냉정하게 주변 상황을 확인하지 못한 채 스스로 죽을 것이라고 불안에 떨었다. 결국 '나는 죽게 될 거야.'라는 두려움이 그를 죽게 만들었다. 만약 뇌속 대상회가 제 기능을 발휘해 이성적인 판단을 할 수 있었더라면 목적지에 도착할 때까지 그는 무사했을 것이다.

요즘 자주 회자되는 신조어 중에 '유리멘탈'이라는 것이 있다. 정신력이 유리처럼 연약해 빨리 포기하는 경우를 일컫는 말이다. 반대로 '강철멘탈'인 사람은 두려운 상황이 생겨도 이성적으로 판단한다.

류현진 선수나 김연아 선수를 보면 쉽게 이해될 것이다. 이들은 경기를 망칠 수 있는 생각이나 상황들을 쉽게 떨쳐낸다. 오랜 훈련의 결과다. 류현진 선수는 초반에 실수를 하더라도 거기에 연연하지 않고, 뒤로 갈수록 좋은 성적을 내는 것으로 유명하다. 또한 김연아 선수는 경기 중에 엉덩방아를 찧더라도 아무 일 없었다는 듯이 일어난다. 김연아 선수는 "피겨는 예술이 아니라 스포츠."라고 말했다. 예술처럼 보이지만 사실은 점수를 내야만 하는 스포츠이며, 스포츠에 감정이 실리면 좋은 결과를 낼 수 없다는 것을 그녀는 잘 알고 있었다.

감정 때문에 이성이 마비되는 상황은 일상에서도 쉽게 경험할 수 있다. 배고플 때 장을 보면 평소보다 더 많이 산다. 반면 배부를 때 장을 보면 꼭 필요한 것만 산다. 감정이나 기분에 휘둘리면 이성적인 판단이 불가능해진다. 머리를 차갑게 만드는 훈련을 하면 두려움이 나를 지배해도 거기서 쉽게 빠져나올 수 있다.

속도를 내야 할 때와 늦춰야 할 때

우리가 두려움으로부터 자유롭지 못한 이유 중 하나는 이미 실패를 경험해봤기 때문일 것이다. 새로운 일에 도전할 때보다 과거에 실패했던 일을 다시 해볼 때 더 큰 두려움이 생기기 마련이다. 실패 경험이 많은 사람일수록 '이번엔 제대로 해내고 말거야.' 같은 결심을 자주 한다. 갑자기 새벽에 일어나 부지런을 떨거나, 남들은 3개월 걸려서 취득한다는 자격증을 한 달 만에 따려고 용쓴다. 그런데 이렇게 무리하게 도전하면 며칠 지나지 않아 지쳐버린다. 이것은 작심삼일과는 조금 다르다. 행동력은 있지만 속도를 조절하지 못해서 생긴 결과다.

목표를 달성할 때까지 지속적으로 에너지를 내기 위해서는 속도조절을 해야 한다. 장기전도 있고 단기전도 있듯이, 각자 목표에 맞는 완급 조절이 필요하다. 특히 장기목표를 가진 사람들은 더더욱 속도조절을 잘 해야 한다. 기간을 조금이라도 단축해보려고 무리하게 에너지를 쓰다가 시간이 더 걸리는 경우도 많다. 중요한 일에 몰입하는 것과 무조건 열심히 빨리 하는 것이 다르다. 속도를 높여야 할 때와 늦춰야 할 때를 구분하지 못하면 중요한 일에 에너지를 쓰지 못하고 먼저 지쳐버린다.

아무리 의지력이 강해도 인간은 감정의 동물이기 때문에 두려운 마음과 부정적인 생각들이 생기게 마련이다. 냉동고에 갇힌 선원처럼 생각으로 스스로를 궁지에 몰아넣고 있는가? 내가 지금 두려워하는 것은 사실 별것 아닐 수도 있다. 아직 일어나지 않은 일은 내가 바꿀 수 있는 기회가 무궁무진하다. 새로운 시도와 변화, 좋은 습관에 스스로를 끊임없이 노출시켜 어제와 다른 오늘 하루를 만들어야 한다. 어제와 똑같은 오늘을 보내면 그 무엇도 꿈꿀 수 없다.

걸단하는 하루를 위해 나에게 던지는 질문

현재 상황에서 미리 예측해봄으로써 두려움을 줄일 수 있는 일은 무엇인가?

어떻게 하면 감정을 조절해 머리를 차갑게 만들 수 있을까?

나의 하루는 빠른가, 느린가? 속도를 어떻게 조절할 수 있나?

2. 방향 _
어디를 향해 가고 있는가?

날벌레와 스프링복의 공통점

곤충학자 파브르는 날벌레들을 관찰하다가 중요한 습성을 하나 발견했다. 날벌레들은 어떤 방향이나 목적지 없이 앞에서 날고 있는 날벌레를 따라 빙빙 돌기만 했다. 심지어 먹이를 가져다 놓아도 계속 돌기만 했다. 이렇게 목적 없이 빙빙 돌기만 하던 날벌레들은 7일 정도 지나자 굶어 죽어버렸다.

남아프리카 초원에 사는 영양의 한 종류인 스프링복 역시 날벌레와 비슷한 습성을 가졌다. 스프링복 무리 중 한 마리가 갑자기 뛰기 시작하면 수십만 마리가 덩달아 뛴다. 어디로 가는지, 왜 달리는지도 모르고 그냥 뛴다. 이렇게 정신없이 뛰다가 절벽을 만나면 무리의 90% 가량이 떨어져 죽는다.

타인의 인생을 북극성 삼아 똑같이 살아가려고 노력하는 사람이 의외로 많다. 자신만의 인생방향이 없기 때문이다. 가령 친구가 어떤 사업을 해서 돈을 많이 벌었다고 하면 갑자기 그 사업에 관심을 갖고, TV드라마에서 어떤 직업이 멋있게 나오면 그 직업을 갖기 위해 동분서주한다. 어디론가 가긴 가야 하는데 어디로 가야 할지 모르니 앞서가는 사람의 뒤꽁무니를 쫓아가는 것이다.

앞서가는 사람은 자신의 방향대로 가고 있기 때문에 불안하지 않다. 힘든 일이 생겨도 꿋꿋이 이겨낸다. 하지만 따라가는 사람은 목적이 없기 때문에 불안하다. 도중에 흙탕물에 빠지기라도 하면 쉽게 포기하고 만다. 인생도 마찬가지다. 자신만의 방향과 목적이 없다면 진짜 인생을 살 수 없다. 오늘을 살아갈 수 있는 에너지도 나오지 않아 쉽게 지친다.

와이why를 찾으면
왓what도 보인다

어떤 일을 하기 전에 "나는 이 일을 왜 해야 하는가?"에 대해 고민해본 적 있는가? 아마 많은 사람들이 그런 고민은 별로 하지 않을 것이다. 사실 그 이유를 모른다고 해서 당장 큰일이 나는 것도 아니고, 왠지 시간낭비 같으니까.

나는 직장인이나 학생들에게 강연할 때 '절대 먼저 실행부터 하지 말라.'고 강조한다. 그러면 오히려 거꾸로 묻는다. "'왜?'라는 고민을 '왜' 해야 하나요?" 학생은 공부하는 것이 당연한데, 뜬금없이 '왜 공부하는가?'를 고민하라니 오히려 혼란스럽다는 학생도 있었다.

'왜'라는 한 글자는 단순히 '이유'만을 포함하지는 않는다. 그 일의 목적, 자신의 존재이유, 기여하고자 하는 가치, 의미와 중요성이 모두 담겨 있다. '어떻게'에 대한 계획이나 방법은 시간이 지나면 바뀔 수도 있지만 '왜'는 거의 변하지 않는다.

우리는 일상의 사소한 문제에 대해서는 '왜'를 고민하며 결정한다. 쉬운 예로, 서울에서 부산까지 갈 때 뭘 타고 갈 것인가? 비행기, 버스, 기차, 승용차 등이 있다. 그중에서 무엇을 선택할지는 내가 부산에 '왜 가는가?'에 따라 달라진다. 중요한 바이어를 급히 만나야 한다면 비행기를, 새벽에 부산 지사에 출장 가야 하는 일이라면 승용차를 이용한다. 여행이 목적이라면 친구들과 편히 갈 수 있는 기차를 탄다. 이처럼 '왜'에 따라 '무엇'이 결정된다.

하지만 오늘 하루를 시작할 때 오늘의 '왜'를 고민하는가? 오늘 왜 그렇게 살아야 하는지에 대해 답을 찾아본 적 있는가? 보통은 오늘 '무엇'을 할지부터 생각한다. '뭘 해야 하는지'는 알지만 '왜 해야 하는지'는 모르는 상태에서 출발하는 것이다.

'왜'를 먼저 질문해야 하는 이유는 무엇일까? 열정은 명확한 '왜'에서 나온다. 왜 해야 하는지에 대한 타당한 이유가 있어야 에너지가 나온다는 말이다. 스스로에게 '왜?'를 묻고 대답하다 보면, 자연스럽게 그다음으로 무엇을, 어떻게 실행할 것인지도 알 수 있다. '왜'는 목적인 동시에 올바른 동기다. 스스로 원해서 그것을 하게 만든다. 그리고 스스로 원해서 하는 일은 곧 내가 좋아하는 일이 된다.

인생에 대해 '왜?'를 자주 질문하는 사람

'왜'를 잊고 살면 목표를 세워도 달성하기 어렵다. 목적이 불분명하면 어떤 목표도 달성하기 어렵다. 인생을 살아가는 나만의 목적은 무엇인가? 내가 이 세상에 존재하는 이유는 무엇인가? 아직 답을 못 찾았다 해도 괜찮다. 어느 누구에게도 쉬운 문제는 아니니까. 그럼에도 불구하고 인생을 살아가는 이유를 찾아야 한다. 이유가 있는 사람과 없는 사람은 삶에 대한 태도가 다르다. 결과가 안 좋을 때, 목적이 있는 사람은 금방 털고 일어나지만, 그렇지 않은 사람은 쉽게 좌절한다.

대학에서 학생들을 가르치다 보면 대다수가 목표가 없어 안타깝다. 인생의 목표나 꿈의 방향을 고민하기보다는 당장 이번 학기 학점, 토익 점수, 대기업 입사만 좇기 때문이다. 내 인생이 어디로 흘러가는지도 모르는 채, 사회가 원하는 스펙을 쌓느라 발을 동동 구른다. 그래서 나는 매 학기 개강하는 날, 첫 수업에서 학생들에게 어떤 인생을 살 것인지 방향부터 정하라고 말해준다.

죽을 때까지 추구할 수 있는 삶에 대한 가치관과 철학은 인생의 북극성이다. 가야 할 방향을 아는 인생은 중간에 길을 잃어도 얼마든지 새롭게 시작할 수 있다. 멀리 길게 내다볼 수 있기 때문에 언제나 더 현명한 결정을 내린다. 어디로 가야 하는지 이미 정해져 있기 때문에 시간을 낭비할 일도 없다. 그렇다면 내 인생의 북극성은 어떻게 찾을까? 내가 이 세상에 존재하는 목적, 나의 사명, 조직이나 사회에 기여하고 싶은 것, 살면서 추구하고 싶은 가치를 스스로에게 끊임없이 묻고 답해보면 인생에 대한 방향이 차츰 또렷해진다.

이유가 없다면 목표가 아니다

우리는 수많은 목표를 세우며 살아간다. 그런데 성공할 때도 있고 실패할 때도 있다. 그 차이가 뭘까? '얼마나 간절히 원하느냐?', 즉 진정성 때문이다. 진정성이 바로 목표를 이루고자 하는 이유다. 이유가 간절하고 명확하다면 누구든 확신을 갖고 몰입한다.

인생의 큰 방향을 정하고 나면, 구체적인 중간 목표들을 세울 수 있다. 3년짜리 목표도 있고, 3개월짜리 목표도 있다. 내가 정한 방향으로 가게 해주는 중간 거점이다. 가령 '타인을 행복하게 해주는 것이 삶의 의미'인 사람은 봉사활동을 하거나, 아름다운 시를 쓰거나, 멋진 예술작품을 만들어 전시를 하기도 한다. 그 외에도 어떻게 하면 타인을 행복하게 해줄 수 있을지 고민한다. 이 중간 목표들 또한 '왜'가 필요하다.

여전히 많은 고3 학생들이 대학입시만을 목표로 공부하기 때문에 막상 대학에 가면 뭘 해야 할지 몰라서 혼란스러워한다. '왜' 하는지도 모르는 공부를 계속하다 보면 어느덧 졸업이 다가오고, 그러면 더 큰 혼란이 찾아온다. 목적도 방향도 없었던 대학생활이 사회생활까지 이어지는 것이다. 요즘 우리나라 청년들에게 취업이란, 적성이나 꿈 따위는 생각할 겨를도 없는 피 튀기는 '전쟁'이다. 목표는 오로지 대기업 혹은 연봉 높고 일 적은 '신의 직장'이다.

그런데 운이 좋아서 그런 곳에 합격하더라도 신입사원 4명 중 1명은 입사 1년을 못 채우고 퇴사한다. 2014년 채용실태 조사에서 드러난 결과다. 대졸 신입사원이 1년 내 퇴사하는 비율은 25.2%이고 이 숫자는 해가 갈수록 높아지고 있다. 대체 왜 그럴까? 그렇게 혹독한 경쟁을 뚫고 합격했는데, 왜 1년도 못 채우고 그만둘까?

조사에 따르면 가장 큰 이유는 '조직 및 직무 적응 실패'(47.6%)라고 한다. 안타까운 현실이다. 높은 연봉과 빵빵한 복리후생을 자랑하는 회사에 들어갔지만, 적성에 맞지 않는 일을 해내야 하니 괴로울 수밖에 없다.

스스로에게 물어보자. 대학에 들어갈 때 그 대학, 그 학과에 반드시 들어가야만 하는 이유가 있었는가? 회사에 입사할 때 그 회사에 꼭 입사해서 하고 싶은 일이 분명했는가? 아마 그런 사람은 별로 많지 않을 것이다. '왜'에 대한 답이 명확하지 않으면 단기적인 목표를 이루어도 큰 의미가 없다. 성적에 맞춰서 들어간 대학생활이 그렇고, 조직에 기여하고자 하는 자신만의 가치가 없는 채로 어쩌다 임원으로 승진한 경우도 그렇다. 멋있어 보이니까 혹은 돈과 명예가 보장되니까 같은 1차원적인 이유는 상대적으로 낮은 성취감을 준다.

목표가 생겼다면 '왜'를 질문해보자. 내가 왜 그 목표를 반드시 이루어야 하는가? 분명히 구체적인 이유가 있을 것이다. 만약 이유가 명확하지 않다면 그것은 나의 목표가 아니다.

생각 없는 하루하루가 쌓여 생각 없는 인생으로

나는 오늘 어떤 하루를 살 것인가? 오늘 나만의 삶의 방향이 있는가? 어떤 대답을 하느냐에 따라 오늘의 가치는 달라진다. 목적이 명확하다면 하루 종일 아무것도 하지 않아도 완벽한 하루가 될 수 있다. 뚜렷한 목표를 가진 사람이 하루하루를 치열하게 보내다가 하루 정도는 아무것도 하지 않고 휴식할 수 있기 때문이다. 목표가 없는 사람이 그저 쉬는 게 더 좋아서 휴식하는 것과는 질적으로 다르다.

반대로 아주 바쁘게 살았어도 완벽한 하루라고 볼 수 없는 경우도 있다. 그저 열심히 살아야 한다는 강박관념 때문에 목적도 없이 바쁘게 사는 사람도 있다. 무엇을 위해 그렇게 정신없이 사는가? 과연 무슨 의미가 있는가? 이런 목적 없이 바쁜 하루는 장기간 지속될 수 없다. 앞에서 살펴본 스프링복처럼 어디로 가는지도 모르고 체력만 소진한다.

이유를 알아야 무엇이든 제대로 해낼 수 있다. 상사가 시킨 일도 그냥 시키는 대로 하지 않고 이 일을 왜 하는지, 어떤 일과 연관이 있는지 질문하고 고민하는 사람은 그 일 이상의 일도 해낼 수 있다. 학생도 마찬가지다. 끊임없이 왜를 질문하면서 공부하면 한 번 외우고 끝나버리는 학습이 아니라 몸으로 체득하는 지식이 된다.

목적 없이 어영부영 하루를 보내는 사람은 뭔가 막막하고 답답하다. 그러나 내가 '왜' 그 일을 해야 하는지 명쾌하게 이해한 사람은 시원시원하게 일이 풀린다. 자신의 잠재력을 극대화시킬 수 있기 때문이다.

목적 없이 방황했던 적 없는가? 지금도 방황하는 것 아닌가? 어쩌면 목적이 있는데도 현실에 순응하며 사느라 원하는 삶에서 이탈한 사람도 있을 것이다. 중요한 것은 하루가 시작되기 전에 오늘 하루의 방향과 자신만의 목적을 정해야 한다는 것이다.

'완벽한 하루'라고 해서 가벼운 마음으로 책을 펼쳤는데, 인생의 목적을 생각해보라고 해서 당황했을지도 모르겠다. 당장 오늘 하루도 어떻게 살아야 할지 모르는데, 거창한 인생의 방향을 정해보라니 막막할 것이다. 하지만 생각 없이 한 일이 생각 없는 하루를 만들고, 생각 없는 하루는 생각 없는 인생을 만든다. 인생의 방향이 명확한 사람은 흔들리지 않는 나무처럼 세찬 비바람도 견뎌낼 수 있다.

방향 있는 하루를 위해 나에게 던지는 질문

나는 왜 사는가? 존재의 이유는 무엇인가?

_____

_____

_____

_____

나의 목표는 무엇인가? 왜 그 목표를 이루어야 하는가?

_____

_____

_____

_____

내가 오늘 해내고자 하는 일은 무엇인가? 왜 그것을 '하루목표'로 삼았는가?

_____

_____

_____

_____

나만의 하루
화살표를
따라가라

지금으로부터 약 10년 전, 우주선 뉴호라이즌New Horizons호가 명왕성을 향해 출발했다. 그리고 2015년 7월 14일, 뉴호라이즌호는 56억 7,000만km의 긴 여정 끝에 알래스카보다 약간 큰 직경 1,300km의 작은 행성인 명왕성과 만났다. '인류의 눈'이라는 별칭을 가진 뉴호라이즌호는 명왕성을 인류의 눈앞에 선보였다. 그동안 거의 밝혀진 것이 없었던 명왕성이 어떻게 생겼는지를 영상으로 생생하게 전해준 것이다.

NASA의 뉴호라이즌호 프로젝트 매니저인 글렌 파운틴Glen Fountain 박사는 CNN과의 인터뷰에서 "미국 동부의 골프장에서 티샷을 날려 서부의 로스앤젤레스 골프장으로 홀인원한 것과 같다."라는 비유를 하기도 했다. 홀로 그 긴 시간 동안 목표를 향해 정확하게 날아간 뉴호라이즌호가 참으로 기특하게 느껴졌다.

10여 년 동안 뉴호라이즌호가 한 치의 오차도 없이 명왕성까지 날아갈 수 있었던 힘은 무엇이었을까? 어디로 날아가야 할지 방향이 명확하게 입력되어 있었기 때문이다. 또한 프로젝트 관계자들은 뉴호라이즌호가 입력된 방향을 따라 잘 날아가고 있는지 실시간으로 모니터링하며 예의 주시했을 것이다.

명왕성을 향해 10년 동안 날아간 뉴호라이즌호처럼, 우리의 일상생활에서도 원하는 목적지까지 잘 가고 있는지 실시간으로 알려주는 것이 하나 있다. 바로 자동차 내비게이션이다. 잘 모르는 곳을 찾아갈 때 어느 길로 가야 하는지를 알려주고, 알려준 길이 아닌 다른 길로 가면 또 다른 길을 알려주기도 한다. 최근에는 교통상황을 실시간으로 모니터링해서 막히지 않는 길까지 안내해준다.

인생에도 이런 내비게이션이 있다면 얼마나 좋을까? 최적의 길을 안내해주는 것은 물론이고, 지금 어디까지 왔는지도 실시간으로 알려주니까 말이다. 아직 살아보지 않은 낯선 미래를 향해 가다 보면 이런저런 문제와 사고들이 생기게 마련이다. 그런데 방향을 알려주는 도구가 없으면, 내가 지금 잘하고 있는지, 제대로 가고 있는지 늘 궁금하고 불안하다.

하지만 아쉽게도 인생 내비게이션이라는 것은 존재하지 않으니, 우리 스스로 만들어야 한다. 목적지를 향해 잘 가고 있는지 확인할 수 있는 자신만의 나침반 말이다. 끊임없이 '왜'를 질문하고 고민하라고 했던 것을 기억할 것이다. 그 '왜'가 바로 방향이고, 나침반의 바늘이 항상 가리키는 곳이다.

측정할 수 없는 것은 관리할 수 없다

자신의 행동에 대해 피드백을 받을 수 없다면, 내가 지금 잘하고 있는 건가 의심이 들기도 하고, 단점을 보완하거나 장점을 키울 수 있는 가능성도 사라진다. 한마디로 성장할 수 없다.

한 음악가가 자기 스타일대로 음악을 만들고 나서 스스로 꽤 만족스러웠다고 치자. 그는 대중성이 없어도 괜찮다고 생각했지만, 막상 사람들이 전혀 반응해주지 않자 고민에 빠졌다. 정말 좋은 음악인지 확인할 방법이 없기 때문이다.

사람은 누구나 남에게 인정받기를 원한다. 자신이 잘했는지 못했는지 점수로 확인하고 싶을 때도 있다. 특히 조직에 속한 사람들보다는 프리랜서나 주부 등 온전히 자신의 의지력으로만 생활해야 하는 사람들은 더욱 결과를 확인하고 싶어 한다. 잘하고 있다거나 혹은 이런 점을 개선하면 좋겠다고 피드백해줄 사람이 없기 때문이다. 이런 경우 보통은 스스로 자신을 평가한다. 그런데 그 기준이 사람마다 달라서 객관적이라고 볼 수가 없다. 스스로에게 지나치게 엄격한 사람도 있고, 과하게 너그러운 사람도 있다.

백화점이나 레스토랑의 화장실에는 청소상태를 점검하는 체크리스트가 있다. 바닥 물기 제거, 화장지 상태 확인, 세면대 거울 얼룩 제거 등이 적힌 체크리스트를 한 번쯤 본 적 있을 것이다. 만약 목표에 대해 그런 리스트를 만들어서 스스로에게 피드백을 주면 어떨까? 체크리스트로 화장실의 청결상태를 점검하듯이, 항목별로 자신만의 기준을 만들어보는 것이다.

내가 원하는 방향으로 가려면 어떠한 작은 일들이 충족되어야 하는지 목록을 쭉 적어보자. 예를 들어 '부지런하게 하루 보내기'라는 목표가 있다면, 아침에 일찍 일어나 식사하기, 신문 읽고 출근하기, 퇴근 후 영어 학원 가기 등을 적을 수 있다. 이런 체크리스트를 만들고 매일 기록해보면, 어제와 오늘이 비교되고 하루를 어떻게 살아야 할지 방향이 보인다. '어제는 신문 읽을 시간이 있었는데 오늘은 왜 없었지?' 하고 어제와 비교해볼 수도 있고, '실제로 해보니 아침식사는 늘 해왔던 거라서 딱히 부지런한 것이 아니니까 리스트에서 빼자.' 하고 수정할 수도 있다.

때로는 빨리 포기하고 플랜B로 넘어가거나, 계획을 추가해야 할 때도 있다. 이때 그럴 만한 시기인지 아닌지 몰라 우왕좌왕하는 경우가 있다. 이런 경우 자신의 지난 기록들을 살펴보면 답이 나온다. 노력해도 향상되지 않으면, 계획을 변경하거나 다른 시도를 해야 한다.

이렇게 자신만의 기준을 체크리스트로 만들고 나면, 두 번째로 '이것을 어떻게 객관적으로 측정할 것인가?'가 중요하다. 현대 경영학의 아버지 피터 드러커는 "측정할 수 없는 것은 관리할 수 없다."라고 말했다. 확신을 갖고 행동하려면 나만의 기준을 객관적으로 표현하고 측정하는 단계가 필요하다.

길을 잃지 않게 해주는 것

인간은 '이성의 동물'이라는 자부심을 갖고 살지만, 그 이성을 제대로 사용하지 못할 때가 많다. 종종 '이성적으로' 판단해야 하는 일들 앞에서, 감정이 끌리는 대로 선택해버린다. 목표를 향해 잘 가고 있는지 확인해보는 순간에도 그렇다. 주관적으로 판단해버리는 것이다. 가령 주변 사람들이 잘했다고 하면 잘했나 보다, 못했다고 하면 못했나 보다 생각한다. 객관적인 기준이 없으니, 타인의 의견에 의존하거나 '이 정도면 괜찮지.' 하고 스스로 타협한다.

다행히 우리가 하는 일들 가운데는 객관적인 기준으로 판단되는 일들이 많다. 예를 들어, 학생들에게는 성적표가 있다. 성적이 많이 올랐다면 지난 시험보다 공부를 많이 했기 때문일 것이다. 객관적인 기준은 앞으로 어떻게 해야 하는지 알려주기 때문에 더욱 중요하다. 중간고사 때 국어가 90점, 수학이 50점이라면, 수학공부를 좀 더 해야겠다는 계획을 세울 수 있다. 또한 직장인들은 인사평가를 통해 무엇이 부족한지 알 수 있다. 이렇게 사람은 일의 결과에 대해 객관적인 피드백을 받으면서 잘해온 것은 더욱 잘하게 되고 못하던 부분은 개선한다.

그런데 이때 객관적인 기준은 측정 가능한 숫자로 나타내야 한다. 명확하게 표현이 가능한 숫자로 기준을 정해야 혼자서도 스스로를 공정하게 평가해볼 수 있다. 객관적인 기준을 정하려면, 먼저 자신이 하는 일의 결과물을 쉽게 측정할 수 있는지 확인하고, 누구나 알 수 있는 객관적인 기준이 이미 있는지를 알아보아야 한다. 예를 들어 다이어트를 한다면 몸무게나 허리둘레, 영어공부를 한다면 토익이나 토플 점수, 운동을 한다면 기록단축 등으로 실력이 향상되는 과정을 확인해볼 수 있다.

만약 기준이 없는 일이라면 어떻게 할까? 기준을 만들어주어야 한다. 객관적인 기준이 없거나 미흡하면 목표를 달성하기가 어렵다. 학생이나 직장인에 비해 주부나 자영업자 등은 이런 객관적인 기준을 만들기가 더 어렵다.

예를 들어, 나의 가족 중 조직생활을 하지 않는 아내와 어머니는 객관적인 기준을 이렇게 설정했다. 신앙생활을 하면서 어린이집 운영을 꿈꾸는 아내는 매주 3회 이상 새벽기도 하기, 어린이집 운영에 관한 아이디어를 1주일에 1가지 이상 기록하기 등 누가 봐도 이해할 수 있는 기준을 가지고 있다. 무료급식소에서 봉사활동을 하는 어머니는 매월 점심메뉴 개발 1건, 매일 성경 10장 읽고 쓰기 등을 통해 '나눔을 실천하는 봉사자'라는 목적에 맞게 살고 있는지를 점검하신다.

기준은 명확할수록 좋은데, 예를 들어 '아이들에게 건강한 간식 만들어주기'보다는 '설탕이 5g 이내로 들어간 간식, 채소가 3가지 이상 들어간 간식 만들어주기'가 더 좋다. 이렇게 일상 속에서 객관적인 기준을 하나둘씩 만들어서 스스로 점검하면 길을 잃을 일은 없을 것이다. 객관적으로 측정 가능한 기준이 있으면 스스로를 컨트롤하기도 쉽고, 주위의 도움을 받기도 수월해진다. 현재 자신의 수준과 나아가야 할 방향에 대해서 원활한 소통이 가능하기 때문이다.

얼마나 자주, 언제 점검해야 좋을까?

나만의 기준을 설정하고 숫자로 객관화시켰다면, 그 기준을 언제 어떻게 적용시켜 확인해봐야 할까? 사실 학교나 회사에서는 원하든 원하지 않든 각종 시험이나 평가를 통해 정기적인 점검을 받는다. 그리고 그 결과에 대해 상사나 선생님으로부터 조언을 듣기도 한다. 그러나 조직에 속해 있지 않은 사람들은, 자신이 잘 가고 있는지 정기적으로 모니터링하기가 사실은 쉽지 않다. 꾸준함과 의지력, 추진력이 필요하다.

객관적인 기준을 만들다 보면, 매일 해야 하는 일도 있고 한 달에 한 번만 하면 되는 일도 있다. 또한 각자 목표가 다르기 때문에 1년 이상 걸리는 장기적인 목표를 가진 사람도 있고, 3개월이면 충분한 단기목표를 가진 사람도 있다. 그러니 피드백 시기는 이렇게 목표에 따라 달성 시기를 고려해서 정해야 한다.

나는 책 출판이라는 중장기목표를 세울 때, 정기적으로 같이 일하는 구성원들과 피드백 미팅을 실시한다. 글을 쓰다 보면 처음에 기획한 것과 다른 방향으로 진도가 나가는 경우가 종종 있기 때문이다. 그럴 때 나는 구성원들과 주 1회 피드백 미팅을 하고, 출판사 편집팀과는 자주 미팅을 하는 것이 어려워서 월 1회 정도 미팅을 한다. 이러한 과정으로 책을 쓰면 처음 의도한 방향에 맞는 원고가 나온다.

물론 주 1회나 월 1회라는 것은 상황에 따라, 혹은 글을 쓰는 사람에 따라 달라질 것이다. 나 역시 원고마감이 다가오면 피드백 미팅을 더 자주 하고, 반대로 시작 단계에서 큰 그림을 그릴 때는 한 달에 한두 번 정도만 한다. 이것은 여러 번 시도해본 끝에 알게 된 나에게 가장 잘 맞는 미팅 주기다. 처음 시도할 때는 임의로 기준을 세워서 해보고, 나중에 차츰 수정해나가면 된다.

한편, 목표도 같고 달성해야 할 기간도 같은 경우에는 남과 비교하지 말고 나의 역량에 초점을 맞추어서 피드백 시기를 결정해야 한다. 예를 들어, 졸업 전까지 토익을 800점 이상 받아야 한다면, 현재 영어실력에 따라 매일 또는 매주 모의고사를 보며 점수 변화를 확인해본다.

약을 하루에 3번 나누어 먹어야 할 때, 식사 후에 먹거나 식사와 상관없이 8시간 간격으로 복용한다. 마찬가지로 최종 목적지를 기준으로 정기적으로 확인할 수 있는 시간을 거꾸로 계산해서 정해보자. 한 달 만에 목표를 달성해야 한다면 매주, 혹은 매일 확인하고, 6개월 안에 달성해야 한다면 매달 한 번씩 확인해보면 좋을 것이다. 정기적으로 점검하면서 잘 가고 있다는 확신을 얻으면 자신감이 올라가고 앞으로 나아갈 수 있는 힘이 생긴다. 설령 조금 옆길로 갔다고 해도 방법을 수정하거나 잠시 쉬면서 재충전하면 원래 가려던 길로 돌아갈 수 있다.

나만의 나침반이 있는 사람과 없는 사람은 큰 차이가 있다. 망망대해나 아마존 숲 속에서도 길을 잃지 않을 수 있는 것은 나침반의 덕분이다. 남이 아니라 내가 내 인생의 방향을 결정해야 한다. 나만의 나침반이 있다면 남들에게 끌려다니는 하루가 아니라 에너지로 가득 찬 나만의 하루를 살 수 있다.

방향 있는 하루를 위해 나에게 던지는 질문

내 인생의 방향을 정하는 나만의 기준이 있는가? 그것이 무엇인가?

_____

_____

_____

_____

내 삶의 방향성을 객관적인 기준으로 표현할 수 있는가? 어떻게 표현할 것인가?

_____

_____

_____

_____

내 인생의 중장기적인 목표와 방향은 무엇인가? 그것을 어떻게 모니터링할 것인가?

_____

_____

_____

_____

오늘이 올해를,
올해가
향후 10년을
결정한다면

"오늘은 내 일생에서 가장 중요한 날이며, 다른 모든 날을 결정해주는 날이다."

철학자 몽테뉴의 말이다. 어제가 오늘에 영향을 미치는 것처럼, 오늘이 내일, 이번 주, 이번 달, 그리고 올해 1년을 결정한다. 하지만 하루가 얼마나 중요한지 별로 실감이 나지 않는다. '겨우 하루인데 뭐.', '오늘은 기분이 별로야.' 하며 오늘 할 일을 내일로 떠넘기기도 한다.

무슨 일이든 쉽게 포기하지 않는 사람들이 있다. 그들을 살펴보면 공통점이 하나 있다. 하루하루 최선을 다해 자신이 이루고자 하는 목표나 일에 매진한다는 것이다. 이렇게 하루를 잘 보낸 사람들은 그동안 노력한 것이 아까워서라도 쉽게 포기하지 않는다. 이처럼 하루는 사소해 보이지만, 그 하루를 보낸 태도가 그의 미래를 바꿔놓는다. 오늘 하루는 작은 단위지만 하루가 1년을 결정하고, 1년이 10년을, 10년이 일평생을 좌우한다. 그러니 오늘 무엇을 하고 어떻게 보낼지 신중하게 결정해야 한다.

직장생활이든, 가정생활이든, 대학생활이든 이 모든 것은 행복한 삶을 살기 위한 하나의 과정이다. 그리고 그 행복한 삶은 '하루' 단위로 축적되어 이루어진다. 즉, '하루'가 행복한 삶의 최소 단위이자 기본 세포인 셈이다. 따라서 의미 있는 인생을 살고 싶다면 오늘 하루부터 가치 있게 보내야 한다.

오늘 하루의 기회비용은 얼마인가?

'오늘이 마지막인 것처럼 살라.'는 말을 들어봤을 것이다. 하지만 우리에게는 내일이 있으니 오늘이 마지막인 것처럼 살기가 쉽지 않다. 내일도 수업이 있으니까 오늘 수업은 대충 듣고, 사내 교육 프로그램은 정기적으로 운영되니까 이번 교육은 대충 넘어가고 싶다. 지금 이 순간이 미래에 영향을 미치면 얼마나 미치겠나 싶기도 하다. 한번은 내 경영학 특강을 듣는 학생 중 한 명에게 이런 질문을 했다.

"학생은 오늘 강의를 통해서 얻고자 하는 게 무엇입니까?"

그러자 그 학생은 당연하다는 듯이 이렇게 대답했다.

"좋은 성적을 받고 싶은데요. A학점 정도요."

"A학점을 받으려면 오늘 강의에서는 무엇을 얻어야 합니까?"

다시 물었더니 그 학생은 '시험 잘 봐서 A학점만 받으면 그만이지, 오늘 강의에서 뭘 얻을지까지 제가 어떻게 아나요?' 하고 되묻는 듯한 눈빛이었다. 그래도 중얼중얼 대답은 했다.

"오늘이요? 음…, 수업 중에 졸지 않고, 필기 열심히 하고…."

대부분의 학생들은 '졸지 않고 필기도 열심히' 하지만 오늘 강의를 자신의 것으로 만들려는 노력은 딱히 하지 않는다. A학점에 영향을 미칠 수 있는 출석, 과제, 시험점수 등에만 관심이 있다. 내가 오늘 하는 강의가 자신들에게 '인생의 마지막 강의'라는 것은 모른다. 아무리 교수가 학생들에게 필요한 정보가 무엇인지 고민하고 그것에 맞게 강의를 한다 해도, 듣는 이들이 진정으로 궁금한 것들을 질문해주지 않으면 교수는 준비한 내용 외에 다른 것을 전달할 수 없다. 안타깝게도 많은 학생들이 '알아서 가르쳐주겠지.' 하는 수동적인 자세로 수업을 듣는다.

만약 여러분이 한국에서 쉽게 만나지 못하는 세계적인 베스트셀러 작가의 초청강연에 참석한다고 가정해보자. 대부분은 세계적인 작가를 만난다는 생각에 들뜬 마음으로 참석할 것이다. 그런데 간혹 이런 사람도 있다. 그의 저서를 미리 읽어보고, 그가 이야기하고자 하는 이슈를 조사한다. 그리고 그 강연에 자신이 왜 참석해야 하는지, 무엇을 배워가고 싶은지에 대한 목적을 결정한다. 그런 다음 강의를 들으면서 자신의 관점과 비교해보고 궁금한 점을 직접 질문하기도 한다.

실제로 내가 아는 학생 중 하나가 《아웃라이어》의 저자인 말콤 글래드웰의 강연에 가기 전에 준비한 내용이다. 사전에 단단히 준비해간 만큼, 책 내용을 그대로 강연해서 아쉬웠다는 대중적인 반응과 달리 그 학생은 자신이 무엇을 느끼고 어디에서 감동을 받았는지 신나게 이야기했다. 그 학생의 하루는 말콤 글래드웰을 만난 이후로 달라졌다고 한다. '오늘 강의를 어떻게 들을 것인가?'에 대한 준비를 그렇게 하지 않았었더라면, 그 학생 역시 '그저 그런 강의였어.' 하고 잊어버렸을 것이다.

아무런 준비 없이 참여하는 사람과 사전에 무엇을 배울 것인지 목표를 확실하게 정한 사람이 있다면, 둘 중 누구에게 더 의미 있는 시간이 될까? 당연히 후자다. '아는 만큼 보인다.'는 말처럼, 짧은 시간이라도 그 안에서 무엇을 배울지 고민한 사람에게만 더 깊은 내용이 보인다.

예전과 달리 세계적인 배우나 작가들이 한국을 방문하는 횟수가 늘고, 기업에서도 다양한 강의를 개최하고 있다. 하지만 아무리 기회가 많아도 그 순간의 소중함을 깨닫지 못하는 사람은 의미 없는 시간을 보낼 뿐이다. 지금 이 순간이 곧 나의 미래가 된다는 사실을 명심하라. 무슨 일을 하든 무의미해지지 않도록 노력하라. 하루의 기회비용은 우리가 생각하는 것보다 훨씬 크니까.

머릿속이 단순해져야 몸이 빨라진다

영국의 철학자 윌리엄 오컴William of Ockham은 '거쳐야 할 단계가 가장 적은, 가장 단순하고도 직접적인 해결책이 어떤 문제든 명쾌하게 해결해준다.'는 문제해결 방법을 제안했다. 문제점을 발견했을 때 해결방법이 복잡할수록 실행가능성은 낮아지고, 결과를 얻는 시간도 더 길어지기 때문에 가능한 한 단순화해야 한다는 것이다.

쓸데없는 걱정과 고민거리들이 오늘에 집중하는 것을 방해한다. 예전에 실패했는데 이번이라고 되겠어? 아무리 열심히 해도 나는 성공할 수 없을 거야 등등. 아무짝에도 쓸모없는 생각들이다. 오늘을 방해하는 이런 요소들을 모두 제거해야 한다. 사실 하루 24시간 중에 잠자는 시간, 이동하는 시간, 식사 시간 등을 빼고 나면 내 목표를 위해 노력할 시간은 얼마 되지 않는다. 그런데 그 시간에 쓸데없는 생각들로 방해받는다면 제대로 몰입할 수 없다. 생각을 단순화시키고, 중요하고 긴급한 일을 중심에 놓고 가지치기를 해야 한다.

생각이 많은 사람은 실행력이 떨어질 수밖에 없다. 해야 할 일을 앞두고 한숨부터 나온다. 하지만 잡생각을 가지치기하고 할 일을 단순화시키면, 몸이 가벼워져 빨리 움직일 수 있다. 결과 또한 빠르게 확인할 수 있다. 복잡한 일들을 해결하느라 동분서주했는데 눈에 보이는 결과가 하나도 없다면, 그것만큼 허무한 것도 없을 것이다. 나의 하루를 복잡하게 만드는 걸림돌들을 하나둘씩 치우다 보면 완전히 몰입할 수 있다.

오늘이 곧 나의 10년 후 모습이다

오늘 하루에 집중할 수 있는 마지막 방법은, 실시간 변화대응 능력과 위기대처 능력을 키우는 것이다. 인생의 방향을 정하고 나면 사람들은 아직 결과가 나온 것도 아닌데 마음을 놓아버린다. 뭔가 결정했다는 심리적인 안도감 때문이다. 대표적으로 새해가 되면 '올해 목표'를 세우고 며칠 지나지 않아 까먹어버린다. 자동항법 장치로 목적지까지 운행하는 비행기 조종사들도, 매 순간 긴장의 끈을 놓지 않는다. 항로를 이탈하지 않고 제대로 가고 있는지 실시간으로 체크하고, 문제가 생기면 즉각적으로 수동조종을 해야 하기 때문이다.

대단한 업적을 이룬 역사 속 인물 중에도 남들의 유혹에 흔들리지 않고 자신의 뜻을 펼친 이들이 많다. 대표적인 인물이 크리스토퍼 콜럼버스가 아닐까 싶다. 당시 사람들은 모두 바다의 끝이 있기 때문에 계속 가다 보면 언젠가는 벼랑 끝에 떨어질 거라고 했다. 하지만 콜럼버스는 지구가 둥글다고 생각해 항해를 시작한다. 하지만 항해는 쉽지 않았다. 당대 지리학자들은 아시아 대륙까지 길어야 2,600마일이라고 예측했지만, 실제 거리는 무려 1만 2,000마일이었다. 예측보다 4배나 먼 거리임에도 불구하고 콜럼버스는 포기하지 않았다. 목표라는 끈을 놓지 않고 하루하루 도전한 결과, 그는 모든 두려움을 물리치고 신대륙을 발견했다.

과거가 궁금하면 지금의 처지를 살펴보고, 미래가 궁금하다면 현재의 행동을 살펴보라는 불교 금언金言이 있다. 미래를 알 수 있는 가장 확실한 방법은 현재 나의 모습을 바라보는 것이다. 오늘이 곧 나의 미래라는 것을 생각하고 하루를 꽉 붙잡아야 한다.

방향 있는 하루를 위해 나에게 던지는 질문

나의 하루에 대한 기회비용은 얼마인가? 오늘 내가 한 일 대신 다른 것을 한다면 무슨 일을 할 수 있는가?

나의 하루는 얼마나 단순한가? 단순하지 않다면 단순하게 만들 방법은 무엇인가?

변화를 실시간으로 감지할 수 있는 능력이 있는가? 없다면 어떻게 키워야 할까?

3. 목표 _
과녁이 없으면 화살을 제대로 쏠 수 없다

농부의 아들과 쟁기질

한 농부와 그의 아들이 밭에서 쟁기질을 하고 있었다. 그런데 농부의 밭고랑은 반듯한데, 아들의 밭은 삐뚤빼뚤했다. 아무리 노력해도 곧게 갈리지 않아 아들은 아버지에게 물었다.

"저도 아버지처럼 밭을 잘 갈고 싶습니다. 어떻게 하면 되나요?"

"먼저 목표를 정해놓고 소를 몰아보거라. 그러면 똑바로 갈릴 것이다."

아들은 아버지의 조언을 들은 뒤 무엇을 목표로 잡을까 고민하다 눈앞에 있는 황소의 커다란 뿔을 보았다. 목표를 정하고 소를 몰아보라는 아버지의 조언대로 이번에는 황소의 뿔을 목표로 정하고 소를 몰았다. 그런데 이번에도 밭고랑은 반듯하게 갈리지 않았다. 이 모습을 본 농부는 아들에게 말했다.

"아들아, 움직이는 황소의 뿔은 목표가 될 수 없단다. 언덕 위에 있는 저 큰 나무를 목표로 해보거라."

아버지의 말씀을 따라 큰 나무를 목표로 정하고 소를 몰았더니 그제야 밭고랑이 반듯하게 갈리기 시작했다.

생각보다 많은 사람들이 목표를 제대로 설정하지 못한다. 이 이야기에 나오는 아들처럼 목표가 될 수 없는 것을 목표로 정하고 열심히 실행한다.

열심히 애쓴 만큼 성취하려면 하루라는 최소 단위라도 목표를 제대로 설정해야 한다. 그런데 목표를 구체적으로, 명확하게 설정해본 경험이 별로 없다면 처음에는 좀 어렵다. 시간이 걸리고 골치가 아프다 보니 사람들은 목표 없이 실행으로 돌진하거나 주먹구구식으로 잘못된 목표를 잡는다.

'완벽한 하루'로 이끌어주는 것은 눈에 보이는 명확한 목표다. 혹시 황소의 뿔처럼 움직이는 목표를 가지고 이리저리 갈피를 못 잡고 있는 것은 아닌가? 목표가 자꾸 바뀌면 아무리 열심히 실행해도 진척되는 것이 없다. 나중에는 목표가 무엇이었는지조차 까먹어버린다.

우리 뇌의 전두엽 앞쪽에는 목표를 세우고 실행하는 기획센터가 있다고 한다. 일종의 CEO 혹은 기획실인 셈이다. 그래서 이곳이 손상되면 계획을 세우지 못하고 우왕좌왕한단다. 회사나 팀에 목표가 없으면 어떻게 될까? 구성원들은 어떻게 해야 할지 모르고 멍하게 있다. 우리 뇌도 마찬가지다. 목표를 제대로 세우지 않으면 뇌 속에 있는 1,000억 개의 뇌세포가 이리저리 헤맨다. 그러나 목표를 세우고 실행하면 전두엽에 있는 기획센터가 가동되어 뇌세포 전체가 일사불란하게 움직인다. 그 뇌세포들이 서로 긴밀하게 커뮤니케이션하고, 필요한 곳에 신경세포를 운반하기 위해 아주 바쁘게 움직인다.

목표로 하루를
시작하는
3가지 원칙

대부분의 사람들은 분주하게 하루를 보낸다. 학생들은 시험공부나 과제를 하고, 직장인들은 상사가 지시한 업무를 처리하며, 주부들은 아이들을 돌보고 집안일을 챙기느라 눈코 뜰 새가 없다. 모두 허둥지둥 하루를 보내다 늦은 밤에 들어와 쓰러지듯 잠들고, 이른 아침부터 쏟아지는 잠을 뿌리치고 뛰쳐나간다. 이렇게 바쁘게 사는데 왜 공허한 마음이 들까?

앞에서 여러 번 강조했듯이 하루 동안 얼마나 많은 일을 하며 바쁘게 사느냐가 중요한 것은 아니다. 한 가지 일을 하더라도 성취감과 만족감을 느끼는 것이 더 중요하다. 양보다 질, 부피가 아니라 밀도에 집중하려면 올바른 목표가 필요하다. 하지만 사람들은 목표는 고사하고 당장 오늘 해야 할 일이 너무 많아 어떤 일부터 처리해야 할지 막막해 한다. 그래서 손에 잡히는 대로 시작하거나 선생님, 상사가 시킨 일부터 처리하는 경우가 많다. 자신의 목표가 아닌 타인의 목표를 위해 혹은 왜 하는지도 모르는 일에 매달리다 하루가 끝난다.

물론 하루를 바쁘게만 보내게 된 핑계거리는 많다. 열악한 외부환경, 능력과 경험의 부족, 예상치 못한 돌발변수 등등. 물론 그런 것들이 허탈한 하루를 만드는 요인이 될 수도 있다. 하지만 결정적 이유는 따로 있다. '하루목표'가 없어서다. 수년에 걸쳐 이뤄야 할 중장기 목표를 가진 사람들도 바쁘고 성가시다는 이유로 '하루목표'를 소홀히 여기는 경우가 많다. 아예 목표 없이 살아가는 사람들은 목표라는 개념 자체를 생소해

하고 목표 세우기를 어려워한다. 하지만 아침에 목표를 세우고 출발하면 하루를 마칠 때 후회나 아쉬움이 많이 줄어든다. '하루목표'를 정할 때는 다음과 같은 3가지 규칙이 필요하다.

정신을 맑게 깨우고 아침을 시작한다

학생이나 직장인은 대부분 출근시간이나 1교시 수업시간에 맞춰서 일어난다. 피곤한 날은 '5분만 더, 10분만 더….' 하다가 아침밥도 거르고 뛰쳐나가기 일쑤다. 보통의 직장인들은 6~7시쯤 일어나 9시쯤 출근해 업무를 시작한다. 일어난 지 2~3시간이 지났어도 여전히 정신이 몽롱하다. 모닝커피로 정신을 차리고 일을 시작하려고 보면 9시가 훌쩍 넘는다.

아침형 인간도 있고 저녁형 인간도 있지만, 일반적으로 조직생활을 하는 사람들은 어쩔 수 없이 아침형 인간으로 살 수밖에 없다. 학생은 물론이고, 가정주부도 아이들 등교준비와 아침식사를 챙기려면 일찍 일어나야 한다. 자영업자나 프리랜서도 고객과 소통하려면 9~18시 사이에 업무에 집중해야 한다. 특별한 경우가 아닌 한, 우리의 하루는 자의든 타의든 아침부터 시작된다. 하지만 아침에 일어나기란 쉽지가 않고, 대부분은 비몽사몽하며 하루를 시작한다.

출근길에 지하철이나 버스를 타보면 고개를 푹 숙이고 꿀잠을 자는 사람이 많다. 하지만 출근시간은 비교적 몸을 많이 움직이기 때문에 아이디어가 가장 많이 떠오른다. 뿐만 아니라 사무실 의자에 앉아 있을 때보다 머리가 맑고, 판단력도 날카로워진다. 소위 성공한 사람들은 아침시간을 알차게 보낸다. 운동을 하거나 기도나 명상으로 마음을 안정시키고, 가족들과 아침식사를 하며 활기차게 하루를 시작한다. 나는 아침에 일어나자마자 시원한 물로 샤워를 한다. 시원한 물로 몸을 씻다 보면 마음도 깨끗해지는 것 같다. 마지막으로 양치를 할 때쯤엔 서서히 긴장감도 생긴다. 몸과 머리가 상쾌하게 깨어나면 오전시간을 더욱 효율적으로 사용할 수 있다. 출근길에는 책을 읽거나, 오늘 하루 동안 어떠한 일들을 해야 할지 머릿속으로 정리해본다.

훌륭한 식재료가 있어야 맛있는 요리를 할 수 있는 것처럼, 하루를 활기차게 시작할 수 있는 환경이 조성되어야 완벽한 하루를 기대할 수 있다. 잠이 덜 깬 상태로 등교하거나 출근하지 마라. 아침을 어떻게 시작하느냐에 따라서 하루가 달라지고 인생이 바뀐다.

가장 중요하고 시급한 일을 선택한다

가끔 평소보다 조금 일찍 직장이나 학교에 도착할 때가 있다. 이렇게 5분, 10분 정도 여유시간이 생기면 무엇을 해야 할까? 독서, 영어단어 외우기, 차 한잔 마시기 등 각자 취향에 따라 시간을 사용하겠지만, 나는 하루목표를 세우는 데 투자하라고 말하고 싶다. 오늘 하루가 끝나기 전까지 반드시 해내고 싶은 것이 무엇인가? 스스로에게 이 질문을 던져보고 나만의 하루목표를 세우는 것이다.

일단 오늘 해야 할 일들을 생각나는 대로 쭉 적어보자. 해야 할 일들을 나열해보면 반드시 해야 하는 중요한 일이 있고, 비교적 덜 중요한 일도 있다. 그리고 목표와 직접적인 관련이 있는 일, 직접적인 관련은 없지만 오늘 꼭 끝내야만 하는 일 등 일의 성격, 난이도, 중요도, 시급성 등이 모두 다르다. 그러나 이러한 요소들은 신경 쓰지 말고, 일단 오늘 반드시 해야 하는 일들을 모두 적어본다. 이렇게 나열한 후에 '중요도'와 '시급성'에 따라 점수를 산정해서 가장 시급하고 중요한 일을 먼저 하면 된다.

'중요도'가 먼저다. 여러 가지 일들 중에는 중요한 일도 있고, 별 노력 없이 할 수 있는 부가적인 일도 있다. 이번 주나 오늘 내에 반드시 끝내야 하는 일이 중요한 일이다. 중요도에 따라, 매우 중요한 일은 3, 조금 중요한 일은 2, 덜 중요한 일은 1로 점수를 매긴다. '시급성'은 하루의 스케줄을 확인하면서 마감시간으로 판단하면 된다. 오늘 최대한 빨리 끝내야 하는 일은 3, 오늘 내에 끝내야 하는 일은 2, 하루 정도 더 여유가 있는 일들은 1로 점수를 매긴다. 그리고 나서, 중요도와 시급성의 점수를 곱한다. 가령, 중요도 3, 시급성 3의 점수를 가진 일은 9점이다. 가장 먼저 처리해야 하고 오늘 반드시 끝내야만 하는 일이다. 나의 할 일 목록에 9점짜리가 없다면, 그다음으로 높은 점수인 6점짜리 일을 '오늘의 가장 중요한 일'로 정한다. 이렇게 숫자로 표현하면 좀 더 명확하게 일의 우선순위가 정해진다. 물론 불필요한 일들도 자연스럽게 분류된다.

유난히 일처리가 빠른 사람이 있고 그렇지 않은 사람들이 있다. 일처리가 빠른 사람들을 흔히 '손이 빠르다.'고 표현하는데, 실제로 그들은 일의 우선순위를 정해놓고 중요한 것부터 끝낸 후에 부가적인 일을 처리하기 때문에 일처리가 빠른 것이다.

일상적인 일과 함께 일의 순서를 정리한다

오늘 반드시 끝내야 하는 일 한두 가지를 선택하고 나면 나머지 해야 할 일들이 남는다. 오늘까지 꼭 끝내야 할 일이라고 생각했는데 막상 가상 중요한 일 한두 가지를 제외하고 나니 굳이 오늘까지 할 필요가 없어진 일도 있고, 시급하진 않지만 오늘 해둬야 마음이 편해지는 일들도 남는다. 이런 일들은 다시 한 번 마감기한을 정해보자. 우선순위가 높은 일을 먼저 끝낼 시간을 확보하는 것이 중요하기 때문에 덜 중요한 일들은 굳이 오늘 끝내지 않아도 좋다.

그다음으로는 남은 일들 가운데 자신이 매일 일상적으로 처리해왔던 일들이 있는지 확인해본다. 매일 하던 일이어서 특별히 일로 여겨지지 않아 목록에 넣지 않았을 수도 있다. 매일 하는 일들도 고려해야 시간자원을 더 효율적으로 사용할 수 있고, 중요하고 시급한 일을 제대로 수행할 수 있다. 이렇게 우선순위에서 밀려난 일들과 일상적인 업무들을 재정리해보는 시간을 가짐으로써 오늘의 목표를 제대로 정할 수 있다.

이런 식으로 일의 우선순위를 정하면 일상적인 일들도 쉽게 컨트롤할 수 있고, 몰입을 방해하는 잡다한 일들을 무시할 수 있다. 그렇게 되면 자연스럽게 하루목표가 달성된다.

《돈키호테》로 유명한 스페인 소설가 세르반테스는 "오늘은 오늘 일만 생각하고, 한 번에 모든 것을 하려고 하지 말 것. 이것이 현명한 사람의 방법이다."라고 말했다. '지혜의 왕자'라는 별명을 가진 그의 말처럼 하루에 한 가지만, 오늘 반드시 이뤄내야 할 딱 한 가지 목표에만 집중해보자. 이렇게 하루목표를 달성하다 보면 내가 만든 하루하루가 쌓여 뿌듯함도 커지고, 하루목표 달성에 관한 자신만의 노하우가 생긴다. 실행이 아니라 목표가 먼저다.

목표 있는 하루를 위해 나에게 던지는 질문

아침에 정신을 맑게 깨우는 나만의 방법은 무엇인가?

오늘 할 일에 대해 중요도와 시급성 점수를 매겨보자. 그중 가장 중요하고 시급한 일은 무엇인가?

오늘 할 일에 대해 일의 순서와 우선순위를 정해보자.

달성하느냐
못하느냐를
좌우하는 것

'하루목표'도 정했고 그 목표를 향해 누구보다 열심히 달렸는데도 도무지 성취감을 느낄 수 없다면, 그 이유가 뭘까? 대개 두 가지로 나눠볼 수 있다. 목표가 역량보다 지나치게 높아서 달성하지 못했거나, 아니면 목표라고 말할 수 없을 정도로 쉬운 일을 해낸 경우다.

열심히 살고 있는데도 스스로 죄책감을 느끼는 사람들이 있다. 그런 사람들은 목표를 지나치게 높게 잡는다. 그 어려운 목표를 달성하기 위해 굉장히 많은 일을 해내면서 하루 종일 누구보다 열심히 살아간다. 같은 시간을 투자해도 남들보다 더 잘하고 싶고, 더 많은 일을 하고 싶은 욕심 때문에 2~3일이 소요되는 일을 하루 만에 끝내고 쾌감을 느끼기도 한다. 게다가 이런 사람들은 난이도가 높은 목표여야만 도전할 맛이 난다고 말한다. 하지만 욕심에 비해 역량이 부족하다면 아무리 열심히 해도 원하는 결과를 얻을 수 없다. 처음부터 자신이 할 수 있는 범위가 아니었던 것이다. 그렇게 노력하다 지치면 또다시 죄책감에 휩싸인다.

이는 지나친 열정 때문에 혹은 남의 눈을 의식하느라 실제 자신의 역량보다 훨씬 높은 목표를 잡아서 생긴 시행착오다. 그런데 문제는 목표가 잘못되었다는 것을 모르고 자기 탓만 한다는 것이다.

반대로 자신의 역량보다 낮은 목표를 설정해도 문제다. 내가 수많은 직장인들과 학생들을 만나면서 느꼈던 문제점 중 하나는, 목표를 일부러 낮게 잡고 손쉽게 이뤄낸 후 자아도취에 빠지는 것이었다. 기대가 클수록 실망도 크기에 아예 낮은 수준의 목표를 잡고 작은 성취감을 쌓아가려는 일종의 방어심리다. 물론 작은 성취감을 통해 더 높은 단계로 서서히 발전하면 다행이지만 부작용도 있다. 쉬운 목표에 길들여지다 보면 역량이 정체되고 도전을 꺼리게 된다. 결국 더 크게 성장할 기회를 놓칠 수 있다. 목표의 수준을 적절하게 정하는 것은 매우 중요하다. 너무 만만하지도 너무 버겁지도 않아야 즐겁게 해낼 수 있는 내적 동기가 되고, 간절함과 열정이 사라지지 않기 때문이다.

'무조건 열심히' 하는 사람들의 공통점

노력만 하면 원하는 것을 모두 얻을 수 있을까? 평소 주위 사람들에게 '열심히 하는 친구', '노력파' 같은 말을 많이 듣는데도 불구하고 정작 본인은 성취감을 느낄 수 없다면 노력input과 결과output를 구분하지 못하고 있을 가능성이 크다. 어떤 일을 끝냈을 때 자신이 만족할 수 있을지 없을지를 먼저 고민해야 하는데, 소위 '노력파'들은 얼마나 열심히 해야 할까만 고려해서 목표를 세운다. 그러고는 그저 오랜 시간을 투자했다거나 열심히 노력했다는 수준에서 만족하고 만다. 목표달성 여부가 아니라 실행 자체에만 의미를 두어서 그렇다.

노력에 만족하는가? 아니면 결과에 만족하는가? 결과에 만족하려면 처음부터 결과에 포커스를 맞춰야 한다. 그런데 많은 사람들은 노력만 하면 된다고 믿는다. 모의고사에서 늘 1등급을 받는 친구에게 비결을 물어보니 하루에 딱 3시간만 잔다고 한다. 무작정 그 친구의 방법을 따라 하면 나도 1등급이 될까? "노력은 배신하지 않는다."는 말만 믿고? 의지와 노력은 가상하지만 7시간씩 자던 학생이 갑자기 수면시간을 절반 이하로 줄이면 오히려 피곤해져서 학교에서 매시간 졸 것이고, 모의고사는커녕 내신 성적도 제대로 받을 수 없을 것이다. 그렇다면 그가 기울인 노력들이 과연 무슨 소용이겠는가? 학생만이 아니다. 직장인들도 은연중에 '이렇게 밤늦게까지 노력하면 뭐라도 되겠지.'라는 생각으로 의미 없는 야근을 하기 일쑤다.

그런데 이 '무조건 열심히 하는 사람들'은 공통점이 있다. 목표달성 이후에 얻을 수 있는 결과물에 대해 잘 모른다는 것이다. 이러한 안타까운 일은 직장인들에게서 특히 더 자주 벌어진다. 상사가 시켜서 일을 하긴 하는데, 상사가 원하는 결과물이 무엇인지 모른다. 그래도 시키니까 일단 하지만 결국 '일을 위한 일'이 되기 십상이다.

평소에 1시간 하던 공부를 3시간 했다고 성취감을 느끼기보다는 성적이 얼마나 올랐는지를 보고 성취감을 느껴야 한다. 야근을 얼마나 많이 했느냐가 아니라 성과가 얼마나 높아졌느냐가 우리에게 지속적인 에너지를 준다. 결과 중심의 사고가 중요하다. 궁극적으로 이렇게 열심히 노력해서 무엇을 얻고 싶은가를 생각해보면 된다. 공부를 열심히 하면 성적이

오를 것이고, 일을 열심히 하면 계약을 성사시키거나 획기적인 신제품을 개발할 것이다. 무엇을 얻고 싶은지를 먼저 생각하자.

'해야 할 일' 리스트를 버려라

노력과 결과를 구분하지 못하는 것처럼 사람들이 자주 헷갈리는 것이 또 있다. 바로 의지와 실천사항을 목표라고 착각하는 것이다. 직장인들은 출근하면 '오늘의 업무리스트'를 작성하고 학생들도 나름대로 '오늘의 학습계획'을 세운다. 누구나 오늘 무엇을 할 것인지 정도의 계획은 있다. 그런데 문제는 이것을 목표라고 착각하는 것이다.

앞에서 '오늘 해야 할 일들' 중 우선순위를 정하고 중요하면서 시급한 일을 먼저 하자고 했다. 그런데 이 일들을 실행하기 전에 목표로 만들어주는 작업을 거쳐야 한다. 우선순위에 따라 골라낸 일들은 목표라기보다는 의지나 실행계획 정도이기 때문이다. 목표가 아니라 해야 할 일을 중심으로 달리다 보면 하루를 마칠 때쯤 마음이 공허해진다. 결과를 눈으로 확인할 수 없기 때문이다.

오늘 무엇을 해야 할지 정하거나 일과를 정리하는 것들은 '하루목표'와는 다르다. 예를 들어, '오늘은 열심히 공부해야지.'라든가 '할 일이 많으니까 오늘은 특별히 더 집중하자.'와 같은 것은 일종의 의지다. 한편 '오늘 수학시간에는 1분도 졸지 말고 선생님 말씀을 꼭 기억해야지.'라든가 '오전에 2시간 동안 집중해서 보고서를 써야지.'는 세부적인 실천사항이다.

목표는 궁극적으로 이루고자 하는 결과의 모습이 표현되어야 한다. 의지나 실천사항은 목표를 이루기 위한 필요조건일 뿐이다. 앞의 사례를 목표로 수정해보면, '오늘 수학시간에 배운 공식으로 20문제 풀고 오답노트 정리하기', '12시까지 고객사별 영업보고서 10장 작성하기'가 될 수 있다. 이렇게 결과물이 보이게 목표를 세우면, 일이 끝났을 때 무엇을 얻을지 미리 알 수 있고 엉뚱한 방향으로 나가지 않는다. 또한 오늘 하루를 어떻게 보내고, 어떤 노력을 해야 할지도 그려진다.

뇌는 곤란함을 느껴야 지혜를 짜낸다

마지막으로 목표를 어느 수준으로 정할 것인가만 남았다. 목표 수준은 나의 역량을 고려해서 설정해야 하기 때문에 쉽지는 않다. 간혹 과도한 목표를 도전적인 목표라고 착각하는 경우가 있다. 예를 들어, 수학 과목에서 늘 50점을 받던 학생이 당장 다음 시험에 반드시 100점을 받겠다고 한다면 과도한 목표다. 이렇게 의욕만 앞선 목표는 마음으로 온전히 수용할 수 없고, 해보기도 전에 포기하게 만든다. 열정과 무모함은 다르다.

하루목표가 도전적이냐 무모하냐를 판단하는 기준은, '내가 세운 계획이나 실행방법들을 실제 행동으로 옮길 수 있는가?'다. 나의 현재 수준을 무시한 목표, 즉 행동으로 옮기기 버거운 목표는 무모한 목표다.

우선 현재 나의 역량을 제대로 파악해야 한다. 나를 객관적으로 평가해보고 목표에 대한 강점과 약점을 분석해본다. 학생들은 주기적으로 성적표를 통해 자신의 역량을 파악할 수 있지만, 일반인은 자신의 수준을 파악한다는 게 그리 쉽지 않다. 물론 직장인은 1년에 한 번 정도 인사평가를 받긴 하지만, 남에게 평가받을 기회가 전혀 없는 사람들도 많다. 그래서 자신의 수준을 꾸준히 기록하고 1개월이나 3개월 등 자신에게 맞는 기간을 정해 스스로 평가해봐야 한다.

앞에서 말한 수학 50점 학생은 당장 100점을 목표로 할 게 아니라, 최근 3개월 간 평균을 분석한 후 목표 수준을 정해야 한다. 최근 3개월 간 수학성적이 50, 60, 55점이라면 평균이 55점이다. 그런데 목표를 55점으로 잡는다면 달성한다 해도 딱히 성취감을 느낄 수 없을 것이다. 평균은 55점이지만 요즘 부쩍 수학공부가 재미있어졌다면 목표를 80점으로 정할 수도 있고, 평균 55점도 간신히 나온 거라면 60점 정도를 목표로 잡을 수 있다. 자신이 과거보다 얼마나 성장할 수 있는가가 중요하지 부모님이 원하는 점수나 친구보다 높은 점수를 목표로 잡아서는 안 된다.

미국 미시건대 심리학과 노먼 마이어Norman Maier 교수는 한 실험을 통해서 도전적인 목표가 주는 효과를 입증했다. 그는 학생들이 제출한 과제물을 보고 단순히 "마음에 들지 않는다."라고 말했을 뿐인데, 다음번에 학생들이 더 나은 과제를 제출하는 것을 발견했다. 이처럼 도전적인 목표가 생기면 대부분의 사람들은 과거에는 전혀 생각하지도 못했던 방안을 모색하고, 창의적인 발상을 한다.

인간의 뇌는 곤란함을 느끼지 않는 한 지혜를 짜내지 않는다. 특별한 노력을 하지 않으면 달성하기 어렵다고 느끼는 경우, 사람들은 어떻게 해서든 그 문제를 해결할 방법을 모색한다. 그러나 무조건 어렵고 도전적인 목표를 세워서는 안 된다. 결과가 아니라 실행계획을 도전적으로 수립하라는 말이다. 실행계획이 도전적이어야 창의적이고 혁신적인 방법을 고민하게 되고 목표를 초과 달성할 수 있다. 목표는 실현가능하게, 전략과 방법은 도전적으로 수립하는 것이 핵심이다.

5년이나 10년 후의 미래 목표는 도전적으로 세워야 할 필요가 있다. 하지만 연간목표나 월간목표, 하루목표는 시간과 자원과 역량이 한정되어 있기 때문에 실행계획을 도전적으로 수립하는 데 집중해야 한다. 장기적인 목표는 도전적으로, 단기적인 목표는 현실적으로 설정한다면 성장과 목표달성이라는 두 마리 토끼를 모두 잡을 것이다.

사실 목표가 도전적이냐 무모하냐는 나 자신만 알 수 있다. 그래서 주위 사람들이 이러쿵저러쿵 해주는 조언은 불필요하다. 그들이 나의 역량과 자원을 나 자신보다 더 잘 알 수 있을까? 내가 걷고자 하는 길을 먼저 걸어보았거나 달성한 사람들의 방법이나 조언은 참고할 수 있지만 내 역량을 평가하는 남의 의견은 큰 의미가 없다.

김연아 선수는 선수시절에 그 누구보다 자신의 역량을 잘 파악했다. 그래서 메달의 색깔보다는 자신의 역량을 경기에서 충분히 발휘했느냐에 집중했다. 남과 비교하지도 않았다. 오로지 자신의 역량에만 집중했기 때문에 남들의 시선으로부터 자유로웠다. 그녀처럼 원하는 바를 이루어 나가기 위해 남들이 말하는 쓸데없는 조언은 관심을 끄고, 오로지 자기 자신과 목표에만 집중한다는 것은 결코 쉽지 않은 일이다.

노력이 없으면 성취도 없다. 성취감은 노력한 사람들에게만 찾아오는 선물이다. 성취감을 느낀 사람은 자신이 해낸 일의 가치를 알기 때문에 또 도전한다. 더 힘든 일이 생겨도 그 순간을 즐긴다. 쉬운 목표에 머물러 사는 사람들은 이러한 맛을 모른다. 물론 성장의 기회도 없다.

목표 있는 하루를 위해 나에게 던지는 질문
_____

나는 노력과 결과를 구분하는가? 노력만 중시하고 결과는 소홀하게 여겼던 일은 없었는가?

_____

_____

_____

_____

나는 목표를 먼저 생각하고 일을 시작하는가?

_____

_____

_____

_____

나의 역량을 고려한 목표 수준은 어느 정도인가?

_____

_____

_____

_____

눈에 보이는
결과물이
나에게
에너지를 준다

'아자! 아자!' 하며 목표달성에 집중하려는데, 예상치 못한 돌발변수들이 찬물을 끼얹을 때가 있다. 미술과제를 열심히 하고 있는데 잠시 자리를 비운 사이에 강아지가 와서 작품을 망쳐놓거나, 중요한 미팅에서 방금 전까지 멀쩡하던 USB가 먹통이 될 수도 있다. 갑자기 지하철이 정전되어서 면접에 늦는다면 생각만 해도 끔찍하다. 내가 어찌 해볼 수 없는 그런 상황에 놓인다는 것은 정말 절망스러운 일이다.

그런데 그런 일이 매일 일어날까? 1년에 두어 번 정도는 돌발상황 때문에 어쩔 수 없었다는 말이 통할지 몰라도 자주 그런 말을 한다면 자신이 핑계거리를 찾고 있는 것이 아닌지 의심해봐야 한다. 마땅히 눈에 보이는 결과는 없고 무능해 보이기는 싫어서 핑계거리를 찾는 것 아닐까? 그런데 열심히 하지 않고 환경을 탓하는 것은 누가 봐도 핑계로 보이지만, 열심히 했을 때는 핑계가 아니라 진짜 문제의 원인처럼 보인다. 그렇다면 핑계인가 아닌가를 어떻게 구별할까? 아니, 어떻게 하면 핑계를 줄일 수 있을까?

목표가 구체적이고 명확하면 된다. 구체적이고 명확한 목표는 행동으로 옮기기만 하면 되니까 목표달성은 시간문제다. 목표에 영향을 미칠 수 있는 환경요인들도 고려해서 목표를 설정하기 때문에 환경을 탓할 수 없다. 환경까지 고려해 목표를 설정한다는 것은 목표와 관련된 정보들을 모두 꿰뚫고, 혹시 모를 위험에 대비하여 플랜B까지 준비해두는 것을 의미한다. 이렇게 만반의 준비를 마치고 나면, 돌발상황 때문에 목표를 달성하지 못했다는 변명은 줄어들 것이다.

나만 잘하면 계획대로 다 잘될까?

세계적인 패스트푸드 체인점 KFC가 일본에 진출했을 때, 이미 업계 내에 최강자가 있어 경쟁에서 살아남기 어려워 보였다. 하지만 KFC는 이러한 불리한 환경을 오히려 기회로 여기고 새로운 전략을 시도했다. 일본 전체가 아닌 중부 지역만 집중 공략하는 국지전을 벌인 것이다.

그들은 좁은 지역이지만 경쟁업체보다 유리한 자리에 매장을 열고, 직원 수를 충분히 늘려 질 좋은 서비스를 제공했다. 또한 영업시간을 연장해 고객이 찾아올 기회를 늘렸다. 1위인 경쟁업체가 그저 그런 서비스에 매장 마감시간도 이른 편이었는데, 바로 그 점을 자신들의 경쟁력이자 기회로 만든 것이다. 그렇게 그 지역에서 1위를 차지하고 나서 다른 지역으로 옮겨 차례차례 상권을 차지했다.

영국의 철학자 제임스 알렌James Allen은 《나를 바꾸면 모든 것이 변한다》에서 "환경 탓이라는 말은 두 번 다시 하지 마라. 환경이 존재하는 이유는 바로 나를 돕기 위해서다."라고 말했다. 그는 우리 주변에서 일어나는 일은 모두 우리 자신의 성장에 기여하는 일이라고 하면서 처한 환경을 탓하지 말고 자기 자신을 탓하라고 했다. 이것은 아마 불가능해 보이는 환경적 요인도 충분히 컨트롤할 수 있다는 의미를 내포하는 것 같다.

목표달성을 어려워하는 사람들은 목표를 둘러싼 환경을 제대로 분석하지 않는다. 그리고 모든 것이 자신에게만 달려 있다고 생각한다. 마치 장마철에 결항될지도 모르는 비행기만 믿고, 제시간에 도착할 계획을 세우는 것과 같다. 마찬가지로 하루목표를 달성하는 과정에는 다양한 변수들이 제각각 영향을 미친다. 긍정적인 것도 있고 부정적인 것도 있다. 관련성이 큰 것도 있고 적은 것도 있다. 그 변수들은 시시각각 변한다. 목표를 세울 때는 이렇게 영향을 미치는 수많은 요소들을 고려해서, 예상되는 문제점들을 기록해보고 그것을 어떻게 해결할지도 생각해야 한다.

아무리 뛰어난 실력을 가진 특급 주방장이라도 시간이 턱없이 부족하거나 재료가 형편없다면 평소처럼 맛있고 멋진 요리를 만들 수 없다. 이처럼 목표를 둘러싸고 있는 여러 가지 제약의 범위를 정확히 파악한 후 목표수준을 결정할 때 달성 가능한 목표가 세워진다. 목표설정 단계에서부터 결과에 긍정적인 영향을 더욱 강하게 줄 수 있는 요인이 무엇인지 찾아내고 이를 공략하는 것이 중요하다.

먼저 목표달성에 도움이 되는 것(긍정적 요인)과 방해가 되는 것(부정적 요인)을 분류해보자. 그러고 나서 각각의 요인들을 어떻게 공략할지 방법을 결정한다. 그런데 여기서 유념해야 할 것이 하나 있다. 긍정적인 요인을 극대화시키는 방법만 고려할 것이 아니라 부정적인 요인에 대한 대비책도 세워야 한다. 방해요인을 최대한 피하거나 극복할 방법이 무엇일까? 걸림돌을 제대로 치워야만 괜한 헛수고를 줄이고 최대한 빨리 목적지에 도달할 수 있다.

대나무를 그리기 전에 이미 마음속에 대나무가 있어야 한다

목표를 세운 후에는 목표와 밀접하게 연관된 핵심대상을 골라내야 한다. 핵심대상을 고른다는 것은 얻고자 하는 결과물의 구체적인 구성요소를 나열해본다는 의미다. 요리사가 주요 식재료들을 미리 준비하는 것처럼, 완성된 결과물을 미리 상상하고 무엇이 필요할지 결정하는 것이다. 앞에서 결과물을 미리 그려보았다면 이번에는 결과물을 구성하는 요소들까지 생생하게 그려볼 차례다.

눈에 보이는 명확한 목표일수록 달성 가능성이 높다는 사실은 많은 이야기를 통해서도 알 수 있다. 플로렌스 채드윅Florence Chadwick이라는 여성 장거리 수영 모험가는 1952년 7월 4일 새로운 도전을 한다. 미국 LA와 가까운 카탈리나 섬에서부터 34km 떨어진 캘리포니아 해안까지 헤엄쳐 건너는 것이었다. 그녀의 도전은 큰 화제가 되었고 미국 전역에 생중계되었다. 16시간가량 수영을 하던 중에 갑자기 짙은 안개가 몰려오기 시작했다. 플로렌스는 사력을 다해 앞으로 나아갔지만 안개 때문에 목표지점을 전혀 가늠할 수가 없었다. 결국 힘이 점점 빠져 기권하게 되었는데, 알고 보니 목표지점을 겨우 500m 앞두고 포기한 것이었다. 그녀는 "왜 실패했다고 생각하느냐?"라는 기자들의 질문에 이렇게 대답했다.

"제가 실패한 이유는 추위도, 피로도 아니었습니다. 안개 때문이죠. 안개 때문에 목표지점이 어디인지 볼 수 없었어요. 만약 목표를 볼 수 있었다면 저는 포기하지 않았을 것입니다."

아쉬움이 컸던 그녀는 두 달 후에 재도전한다. 두 번째로 도전하는 날은 시작부터 안개가 자욱했다. 그러나 그녀는 짙은 안개에도 불구하고 건너는 데 성공했다. 이번에는 기자들이 어떻게 성공할 수 있었냐고 물었고, 그녀는 이렇게 대답했다.

"이번에도 안개가 자욱했지만, 제 마음속에 분명한 목표를 두었습니다. 저 안개 너머에 아름나운 캘리포니아 해변이 있다고 생각하고 앞으로 나아갔습니다."

눈에 보이는 목표와 눈에 보이지 않는 목표는 다른 결과를 만들어 낸다. 목표가 지금 당장은 안개에 가려 보이지 않는다 해도 마음속에 생생하게 보이면 끝까지 갈 수 있다.

사자성어 중에 '흉유성죽胸有成竹'이라는 말이 있다. 만약 대나무를 그리고자 한다면, 그리기 전에 마음속에 이미 완성된 대나무 그림이 있어야 한다는 뜻이다. 중국에서는 흉유성죽을 '자신만만하다'라는 의미로도 해석한다고 한다. 무슨 일을 하기 전에 이미 내가 이루고자 하는 결과의 모습을 알고 시작하니까 자신만만할 수밖에 없을 것이다.

더욱 자신 있게 목표에 매진하려면 목표를 구성하는 요소들도 미리 눈으로 확인할 수 있어야 한다. 예를 들어, '고객사별 영업보고서 10장'이라는 하루목표를 달성하기 위해서는, A고객사 5장, B고객사 3장, C고객사 2장의 보고서가 각각 완성되어야 총 10장의 영업보고서가 완성된다. '영업보고서 10장'이라는 목표와 더불어 목표를 구성하는 요소들도 각각 완성된 결과를 표현해 놓으면 목표에 대한 확신이 커진다. 그러면 도중에 어려운 일을 만나더라도 문제점을 쉽게 파악하고 대응할 수 있다.

'중간고사 영어 90점'이라는 목표를 가진 학생이 '시험 예상문제 30개 풀기'를 오늘의 목표로 정했다. 그렇다면 실제 중간고사와 같은 비율로 객관식 25문제, 주관식 5문제로 나누어서 풀어야 할 것이다. 객관식 25문제 중에서도 20문제는 문법, 5문제는 독해 등으로 더 세세하게 나눌 수 있다. 그렇게 매일 연습해서 30문제 중 몇 문제 이상을 맞춰야 90점이 되는지 환산하고, 시험 전까지 정답률 페이스를 유지해나가는 것이 좋다.

이렇게 목표를 구성하는 주요 요소들을 파악하고 나면 목표달성의 키를 쥐고 있는 핵심요소가 눈에 들어올 것이다. '영업보고서 10장' 중 C고객사 보고서는 2장밖에 안 되지만 까다로운 계약내용을 포함시켜야 하기 때문에 A고객사보다 시간이 더 걸릴 뿐만 아니라 타 부서에 요청할 자료도 있다. 학생의 경우 객관식보다는 주관식 문제가 배점이 더 높으므로, 주관식은 5문제뿐이지만 하나라도 틀리지 않도록 집중공략 해야 한다.

이처럼 목표의 구성요소들까지도 구체적인 숫자와 시각적 이미지로, 마치 결과를 미리 본 것처럼 작성해놓으면, 정확한 전략과 실행으로 이어진다. 반대로 목표에 대한 분석 없이 무작정 열심히만 하면 달성할 가능성도 낮아지고 몸만 지친다. 목표달성의 핵심 키는 어떤 부분인지, 방해요소는 없는지를 모두 고려한 상태에서 열심히 해야 한다.

누구나 인생의 목표를 하나쯤은 가지고 있다. 그 목표를 위해 오늘 하루를 살아야 하는데, 큰 목표 하나만 세워두고 하루목표는 소홀히 한다. 그저 막연하게 열심히 하면 될 거라고 생각하는 것이다. 하지만 그런 '맹목적인 열심히'는 결과가 없어 금세 무기력해진다. 구체적인 목표를 세우고, 주변 환경을 내 편으로 만들어보자. 위기를 기회로 만드는 역량이 쌓이면 무언가에 끌려다니지 않고 진정한 하루의 주인이 될 것이다.

목표 있는 하루를 위해 나에게 던지는 질문
_____

내 하루목표와 관련 있는 정보들은 무엇인가?

_____

_____

_____

_____

하루목표를 달성하는 데 긍정적인 요인과 부정적인 요인은 무엇인가?

_____

_____

_____

_____

하루목표를 이루는 구성요소들을 숫자와 시각적 이미지로 적어보자.

_____

_____

_____

_____

4. 시간 _
무엇으로 채우느냐가 아니라 '무엇을 위해' 쓰느냐다

크로노스, 카이로스 그리고 플레로마

고대 그리스인들은 시간을 '크로노스Chronos'와 '카이로스Kairos'라는 두 가지 단어로 표현했다고 한다. 시계에 적힌 숫자의 시간은 '크로노스'를, 특별한 순간을 말할 때는 '카이로스'를 쓴 것이다. 시계 시간을 의미하는 크로노스는 객관적인 시간이다. 해가 뜨고 지는 시간이자 지구의 공전과 자전을 통해 하루가 24시간으로, 1년이 365일로 결정된 시간이다. 반면 카이로스는 주관적인 시간이다. 카이로스는 의식적인 시간, 인생을 좌우하는 선택의 순간이며, 결단의 시간이다. 똑같은 시간도 사람에 따라 짧게 느낄 수 있고 길게 느낄 수 있는데, 이런 시간을 카이로스라고 부른다. 크로노스는 시간의 지속성을, 카이로스는 순간성을 나타낸다.

크로노스와 카이로스는 본래 그리스 신화에서 등장하는 인물이다. 크로노스는 태초의 신 중 하나로 '시간의 신'이다. 자식의 손에 의해 죽음을 맞을 것이라는 저주를 의식해 태어난 자식들을 삼켜서 뱃속에 가둔다. 모든 자식들은 아버지 크로노스의 배에 갇혔지만 마지막으로 태어난 아이만이 어머니의 도움으로 세상의 빛을 볼 수 있었다. 바로 '빛'을 의미하는 제우스다.

제우스는 성장하여 아버지 크로노스를 폐위하고 신들의 왕이 되어 새로운 통치자가 되었으며, 우리가 흔히 알고 있는 신화 속의 영웅들을 후손으로 남겼다. 손재주를 지닌 헤파이토스, 전쟁의 신 아레스, 지혜와 전쟁의 여신 아테나, 태양의 신 아폴론, 힘이 센 헤라클레스, 그리고 카이로스라고 불리는 '기회opportunity의 신'도 있다.

그리스 조각가 리시포스가 만든 카이로스의 조각상을 보면, 앞모습은 우람한 근육질에 머리숱이 많은데, 뒷모습은 머리카락이 한 올도 없고 어깨와 발뒤꿈치에 날개가 있다. 기회의 신을 그렇게 묘사한 이유가 조각상에 자세히 적혀 있다.

"앞머리가 무성한 이유는 사람들로 하여금 내가 누구인지 금방 알아차리지 못하게 하고, 나를 발견했을 때는 쉽게 붙잡을 수 있도록 하기 위함이다. 뒷머리가 대머리인 이유는, 내가 지나가고 나면 다시는 나를 붙잡지 못하도록 하기 위함이다. 날개가 달린 이유는, 최대한 빨리 사라지기 위해서다. 저울을 들고 있는 이유는, 기회가 앞에 있을 때는 저울을 꺼내 정확히 판단하라는 의미이며, 날카로운 칼을 들고 있는 이유는 칼같이 결단하라는 의미다."

1초, 1분, 1시간으로 흘러가는 크로노스는 누구에게나 공평하다. 하지만 그 시간 속에서 무엇을 경험하고 어떤 기회를 잡는가, 즉 카이로스는 사람마다 모두 다르다.

그리고 우리가 명심해야 할 것이 하나 더 있다. 바로 플레로마Pleroma다. 고대 그리스어로 '채우다' 또는 '완전하게 하다'라는 플레로오pleroo에서 유래한 낱말로 채우는 것, 완전하게 하는 것, 충만한 상태를 뜻한다. 카이로스는 어떠한 일이나 과업을 이루기 위한 기회의 순간을 가리키는 반면, 플레로마는 그것이 성취됨을 의미하는 단어다.

사람들은 누구에게나 주어지는 크로노스의 시간은 잘 견뎌내지만, 때로는 기쁘고 때로는 매우 고통스러운 카이로스의 시간은 쉽게 포기하는 경향이 있다. 만약 크로노스의 시간과 카이로스의 시간을 모두 잘 견뎌낸다면 신의 선물과 같은 플레로마의 시간을 경험할 수 있을 것이다. 지루한 크로노스의 시간과 고통스러운 카이로스의 시간을 이겨낸 사람들만이 느낄 수 있는 평온의 시간이다.

프란시스코 고야가 그린 '크로노스'는 자식을 삼키고 있는 크로노스의 광기 어린 모습이 잔인하게 묘사되어 있다. 왜 크로노스는 그렇게 잔인하게 묘사되었을까? 잔인함이야말로 시간의 속성이 아닐까? 세월이 흐르면 모든 것이 사라진다. 태어나고 늙고 병들고 죽는 생로병사가 자연의 이치이듯이, 시간은 땅에서 태어난 모든 것, 그리고 우리의 삶이 가진 모든 것들을 삼켜버린다. 고야의 작품 역시 시간의 파괴성을 담은 게 아닐까? 시간을 크로노스로만 받아들이는 사람에게 하루 24시간은 비참하기만 한다.

하지만 운명적인 순간, 결정적인 시점과 기회의 의미를 담은 카이로스는 다르다. 앞에서 설명했듯이 조각상이나 그림에 나오는 카이로스의 풍모는 우스꽝스럽기까지 하다. 카이로스는 마음먹기에 따라 길어지거나 짧아질 수 있고, 그 순간의 의미와 가치는 어떠한 것보다도 중요할 수 있다.

현대 신경과학자들은 어느 한순간 일에 정신을 집중할 때 우리 뇌가 성장한다고 주장한다. 일에 몰입하여 집중할 때 뉴런의 새로운 연결이 많아지고 명확한 결정을 내리는 데 필요한 회백질이 증가해 뇌가 성장한다는 것이다. 짧은 순간이지만 몰입하면 뇌가 성장할 수 있는 긴 시간이 된다. 몰입하느냐 하지 않느냐의 차이로 크로노스의 시간을 카이로스의 시간으로 바꿀 수 있다. 때문에 우리는 카이로스의 시간에 집중해야 한다. 스스로 시간의 주체가 되어 의미를 부여하고 적극적으로 살다 보면, 오랫동안 바라왔던 목표를 성취해 플레로마의 시간을 맞이할 것이다.

내 시간의
주인이
된다는 것

우리는 하루에 몇 시간 일할까? 보통 9시부터 6시까지, 중간에 점심시간을 빼면, 8시간 정도다. 그런데 정말 8시간 내내 집중해서 일하는 것 같지는 않다. 실제로 우리나라 직장인들의 생산성 실태를 조사한 보고서에 따르면, 업무시간 중 50% 이상을 일에 몰두하지 않고 어영부영 보낸다고 한다. 경제적 가치로 환산하면 무려 146조 원에 이른다고 한다. 직장에서뿐만 아니라 일상생활에서도 하루가 짧게 느껴지는 이유는, 이렇게 낭비하는 시간이 많기 때문일 것이다.

똑같은 1시간도 무엇을 하느냐에 따라 빠르게 혹은 느리게 느껴진다. 재밌는 영화를 볼 때와 야근할 때 느껴지는 시간의 속도는 다르다. 시간이라는 것은 누구에게나 공평하게 주어지지만, 누가 어떻게 사용하느냐에 따라서 귀한 시간이 되기도 하고 의미 없는 시간이 되기도 한다.

어쨌거나 시간은 항상 사용하는 사람을 위해 존재하고, 그 가치나 의미는 어떻게 사용하느냐에 달렸다. 그래서 사람들은 어떻게 하면 시간을 효율적으로 사용할까 고민한다. 버스를 기다리는 10분 동안 독서, 영어단어 외우기, 신문 읽기 등을 하면서 생산적인 시간을 보냈다고 뿌듯해한다. 하지만 몹시 지쳐 있는 사람에게는 10분 동안 정류장 벤치에 앉아 휴식을 취하는 것이 더 생산적이다. 주어진 시간을 무엇으로 채울까 강박적으로 고민하는 사람들이 많다. 하지만 무엇으로 채우느냐가 아니라 '무엇을 위해' 시간을 보낼지 고민하는 것이 먼저다. 순서가 뒤바뀐 것이다.

5분, 10분 자투리 시간을 낭비하지 않으려고 동동거리는 것보다 궁극적으로 내가 이루고 싶은 목표가 무엇인지를 정확히 알고 그것을 성취하기 위해 시간이라는 '자원'을 확보하는 것이 더 중요하다.

'무엇을 위해' 시간을 쓸 것인가?

어떤 일을 할 때 애초에 예상한 것보다 시간이 더 많이 소요되면, 사람들은 그 순간부터 초조해 하기 시작한다. 일이 잘못되어가는 것도 아닌데 불안에 떤다. 시간 자체를 강박적으로 관리해온 사람들은 일의 완성도와는 상관없이 시간이 얼마나 걸렸는지 혹은 얼마나 많은 일을 했는지를 중요하게 여긴다. 하지만 목표를 달성하지 못했다면 아무리 제시간 내에 일을 끝내도 잘했다고 할 수 없다.

매일 밤새 공부해서 성적을 유지하는 친구가 있는 반면, 잠을 충분히 자고도 좋은 성적을 유지하는 친구가 있다. 매일 야근하며 성과를 내는 동료가 있는 반면, 소위 칼퇴근을 하는데도 높은 평가를 받는 동료가 있다. 차이점은 무엇일까? 왜 투자한 시간과 결과는 비례하지 않을까?

목표달성을 위한 계획을 세울 때, 예상치 못한 일이 발생할 가능성을 대비하고, 실행할 때는 난이도에 따라 투입되는 시간을 조절하도록 한다. 그동안 해왔던 방법으로 달성하기 어려운 일이라면, 새로운 전략을 짜보거나 더 많은 시간을 투입하는 것이다. 반대로 쉬운 일은 능숙하게 끝낼 수 있기 때문에 시간을 줄이는 것을 목표로 정한다. 시간을 얼마나 투입할 것인가는 그 일의 난이도나 양에 따라 결정된다.

본래 군사용어인 '전략'은 이제 기업이나 학교 등 일상생활에서도 자주 쓰이게 되었다. 심지어 온라인 게임 광고에도 등장한다. 전략이라는 용어는 이렇게 친숙해졌지만, 사람들은 전략을 계획 세우기 혹은 해야 할 일 파악하기 정도로 생각하는 것 같다. 전략은 공략대상에 따라 달라진다. 따라서 공략할 대상을 우선 파악해야 한다. 공략대상은 목표달성을 위해 세워둔 계획들이다. 이러한 계획들은 난이도와 필요한 자원이 제각기 달라서 전략 또한 그에 맞게 달라져야 한다.

큰 돌부터 신중하게

어느 날 한 대학교수가 투명하고 큰 항아리 하나와 주먹만 한 크기의 돌이 든 상자를 들고 왔다. 교수는 학생들에게 물었다.

"이 항아리에 돌이 얼마나 들어갈까요?"

학생들이 돌의 개수를 서로 이야기하는 동안 교수는 주먹만 한 돌을 몇 개 넣어 항아리를 채웠다. 항아리 입구까지 돌을 채우고 나서 교수가 다시 물었다.

"여러분, 이 항아리가 가득 찼습니까?"

학생들은 가득 찼다고 대답했다. 교수는 방금 집어넣은 돌보다 작은 자갈이 든 상자를 꺼냈다. 그리고 그 자갈들을 항아리 속 큰 돌들 사이사이에 끼워 넣었다. 교수가 다시 질문했다.

"항아리가 가득 찼습니까?"

영리한 학생들은 교수가 모래 상자를 꺼내는 모습을 보고 아니라고 대답했다. 교수가 모래를 넣자 모래는 큰 돌과 자갈 사이의 빈 곳을 꼼꼼하게 메웠다.

"이제 항아리가 진짜로 가득 찼나요?"

모래보다 더 작은 돌은 없을 거라 생각한 몇몇 학생들이 가득 찼다고 대답했다.

"제가 이 실험을 통해 여러분들께 하고 싶은 말이 무엇일까요?"

한 학생이 손을 들고 대답했다.

"스케줄이 꽉 차서 시간이 없어 보여도 새로운 일을 그 사이에 추가하는 것이 가능하다는 걸 보여주신 것 같습니다."

교수는 미소를 지으며 대답했다.

"훌륭한 대답입니다. 하지만 더 중요한 사실은, 큰 돌을 먼저 넣지 않았다면 나머지 것들은 영원히 집어넣지 못했을 거라는 점입니다."

우리가 하루 동안에 해야 할 일은 매우 다양하고 많다. 큰 돌처럼 시간과 노력이 많이 드는 일도 있고, 모래처럼 쉽고 가벼운 일들도 있다. 그러나 많은 사람들이 일을 빨리 마치려고 작은 일에만 초점을 맞춘다. 그러다 보면 정작 크고 중요한 일은 놓치고 내일로 미루게 된다. 큰일을 자꾸 미루는 습관을 바꾸지 않으면 큰일은 영원히 끝내지 못할 수도 있다.

오늘 해야 할 일 중 가장 핵심적인 일에 집중해야만 시간을 효율적으로 쓸 수 있다. 나무를 키우는 사람들은 굵고 곧은 나무를 만들기 위해 '솎아베기'라는 작업을 하는데 이 작업은 나무들이 서로 가지가 맞닿아 생육에 피해를 주지 않도록 하는 것이다. 솎아베기를 하면 나무가 바람에 쓰러지거나 자연적으로 기울어지지 않는다. 솎아내야 할 나무는 물을 충분히 주어도 성장에 한계가 있는 것처럼, 상대적으로 중요하지 않은 일은 시간을 쏟아도 얻을 수 있는 결과에 한계가 있다.

인생에서 혹은 업무나 일상생활에서 큰 돌과 작은 돌이 잘 나눠져 있는가? 그렇지 않다면 중요도에 따라 일을 구분하고 각각에 맞는 시간 관리 방법을 세워야 할 것이다. 하루는 24시간뿐이지만, 큰 돌을 먼저 넣으면 하루를 이틀처럼 쓸 수 있다.

시간 있는 하루를 위해 나에게 던지는 질문

나의 시간표는 복잡한가, 단순한가? 시간표를 복잡하게 짜서 후회했던 경험은 없는가?

_____

_____

_____

_____

나는 내 시간을 내가 세운 목표를 위해 사용하는가?

_____

_____

_____

_____

나의 하루를 채우는 돌 중 가장 큰 돌은 무엇인가?

_____

_____

_____

_____

마감법칙의
비밀

요즘은 시간을 아껴주는 수많은 방법들이 나와 우리를 놀라게 한다. 두 번에 나누어서 돌려야 할 빨래를 동시에 따로따로 빨아주는 세탁기도 있고, 무작정 기다리지 않아도 톡을 보내면 택시가 알아서 나를 찾아온다. 이제는 어떤 일을 하는 데 소비하는 시간이 꼭 그 일을 하는 데 필요한 시간은 아니다. 시간을 줄여주는 수많은 방법들이 존재하기 때문이다.

그런데 이렇게 단순히 소비하는 시간을 줄이는 것보다 더 중요한 일이 있다. 몰입해서 수행했는가 여부다. 하루라는 제한된 시간 동안 우리가 처리할 수 있는 일은 한계가 있기 때문에 양보다는 질로 승부해야 한다. 해야 하는 일의 양이 많으면 쫓기듯 바쁘게 하루를 보낸다. 내일도 모레도 정신없는 하루가 되풀이될 뿐이다.

그렇다면 어떻게 하면 쉽게 몰입할까? 그 비밀은 '마감법칙'에 있다. 사람은 누구나 시간에 쫓기면 자연스럽게 한정된 시간 안에서 자신이 할 수 있는 최선의 대안을 찾는다. 따라서 무슨 일을 하든지 시작하기 전에 '반드시 1시간 안에 끝낼 거야.'라고 마감시간을 정해놓으면, 몸과 정신이 그 순간부터 긴장해 시간이 더 많이 주어졌을 때보다 상대적으로 좋은 성과를 만든다. 마감시간을 정해두고 일을 시작해보자. 무턱대고 일을 진행하는 것보다 더 좋은 결과를 얻을 것이다.

도요타 생산방식을 창시한 오노 다이이치는 120분 걸리던 기존의 작업준비 시간을 단 3분으로 줄이자는 목표를 세웠다. 상식적으로 이게 말이 되는가? 하지만 그는 이 목표를 위한 혁신적인 개선활동을 이뤄냈고, 결국 3분이라는 목표를 달성해냈다. 현장개선의 최고 전문가라고 불리게 된 그는 "인간의 뇌는 곤란을 느끼지 않는 한 지혜를 짜내지 않는다."를 모토로 삼았다. 달성해야 할 목표수준이 과거와 비슷하면, 사람들은 현재 자신이 가지고 있는 정보 내에서 문제점을 제거하고 점진적으로 개선하려 한다. 하지만 도요타의 사례처럼 작업준비 시간을 120분에서 3분으로 단축하는 도전적인 목표를 세우면, 우리의 뇌는 심각한 문제상황이라고 판단한다. 그래서 기존의 방식에서 벗어나 발상 자체를 바꾼다.

내겐 너무 익숙한 시간도둑

TV에서 여자 연예인들이 군대생활을 체험하는 예능 프로그램을 본 적이 있다. 샤워시간이 단 10분뿐이어서 그녀들은 한 손으로 양치하고 다른 한 손으로 머리를 감았다. 여자 연예인들이 이제껏 그런 상황을 상상이나 해봤을까? 하지만 그녀들은 정해진 시간 내에 샤워를 끝냈고 스스로도 놀라워했다. 아마도 비슷한 일을 한 번에 묶어서 하거나 불필요한 행동을 단축했을 것이다. 소위 '시간도둑'을 제거한 것이다.

예전에 내가 직장생활을 할 때 이런 동료가 있었다. 그는 하루를 열심히 살겠다며 팀원들보다 1시간 일찍 일어나서 30분 동안 운동을 하고 사무실로 출근했다. 평소 회사에는 출근시간 5분 전쯤 도착했는데, 어느 날은 상사에게 잔소리를 듣더니 두 어깨가 축 처져 있었다. 몸도 마음도 피곤하고 처지니 일에 집중하지 못해서 야근을 해야 했고, 그다음 날에도 또 계속해서 야근하는 악순환에 빠졌다.

새벽운동이 그에게는 많이 버거워 보였다. 건강을 위해서 새벽에 운동을 한다는 취지는 좋지만, 그에게는 맞지 않는 것 같았다. 그래서 그는 방법을 바꿨다. 점심시간에 식사를 일찍 마치고 주변을 20분 정도 산책하고, 나머지 10분은 1층부터 사무실까지 계단으로 걸어 올라갔다. 새벽운동 대신 점심시간을 이용한 것이다. 그 후로 상사의 잔소리도 그쳤고, 오전시간에 업무에 더욱 집중하게 되었다. 당연히 업무효율성은 높아졌고, 일도 깔끔하게 마무리해서 야근할 필요도 없어졌다. 그는 자신에게 맞지 않는 새벽운동 대신 의미 없이 보내던 점심시간을 알뜰하게 이용해 운동시간을 만들었다.

마감시간에 대처하는 우리의 자세

사실 '마감'이라는 단어는 작가나 기자들이 주로 사용하는 용어였다. 하지만 이제는 누구나 일상생활에서 사용할 수 있는 하나의 시간관리 툴이 되었다. 피터 드러커는 "당신이 아무것도 가진 게 없다면, 당신에게 주어진 시간을 활용하라. 거기에 황금 같은 기회가 있다."라고 했다. 마감법칙을 제대로 사용한다면 맡은 일을 기한 내에 끝내지 못한다거나 '바빠서,

시간이 없어서.'라는 변명은 하지 않게 될 것이다.

그런데 사람마다 마감시간을 대하는 유형이 다르다. 마감이 다가올 수록 더욱 집중하는 사람이 있는가 하면, 반대로 불안해하는 사람이 있다. 유형에 따라 마감법칙을 적용할 때 유의할 점이 다르다.

먼저 전자의 경우는 마감시간이 다가올 때까지 해야 할 일을 차일 피일 미루는 함정에 빠지기 쉽다. 어차피 마감을 앞두고 짧은 시간 동안 바짝 집중하면 남들이 오랜 시간을 투자해서 한 것과 비슷하거나 더 좋은 결과물을 만들어낼 수 있기 때문이다. 미리 해두는 것을 시간낭비라고 생각한다. 대부분 머릿속으로 어떻게 진행할지 구상은 하지만, 미리 뭔가를 해놓지는 않기 때문에 눈으로 확인할 수 있는 결과가 없다. 때로는 "늘 빈 둥거리며 논다."는 오해를 받기도 한다.

생각해보면 일이든 공부든 나 혼자서 잘한다고 되는 일은 별로 없다. 거의 모든 일은 주위 사람들과 연관되어 있기 마련인데, 마감시간이 다가올 때까지 하나도 진행하지 않으면 일이 어디까지 되었는지, 문제나 어려움은 없는지 등을 다른 사람들이 알 수가 없다. 당연히 소통이 매우 어렵다. 또한 막상 마감시간이 닥쳐 일을 시작해보니 다른 사람의 도움이나 예상치 못한 자원이 추가로 필요할 수도 있다. 그런 경우 시간이 얼마 남지 않았기 때문에 오롯이 자신이 해결해야 한다.

게다가 리더가 이런 유형이라면 문제가 더 심각해진다. 그 조직에

속한 사람들이 때때로 큰 고통에 시달린다. 가령, 나는 시간이 넉넉히 주어져야 일의 완성도가 높은데 상사가 당장 오늘 중에 해내라고 하면 야근 외에는 답이 없다. 리더는 마감시간이 한참 남았다고 생각해 신경도 안 쓰고 있다가, 막상 마감 직전에 자신이 처리해야 할 일이 많아지니 그제야 구성원들과 역할분담을 하는 것이다. 리더 자신이 마감 직전에 집중해서 일을 처리하는 스타일이라고 다른 구성원들도 자신과 똑같기를 기대해서는 안 된다. 그렇게 번갯불에 콩 볶아 먹듯이 일처리를 하는 것을 힘들어하는 사람도 있다.

자신의 업무 때문에 팀원들의 모든 일정과 업무가 마비되어도 아랑곳하지 않는 상사들도 있다. 심지어 빨리 하라고 독촉하는 경우가 있는데, 독촉하면 마음이 더 불안해져서 평소에 하지 않던 실수를 저지르기도 한다. 아무리 마감을 즐기는 사람이라도, 시간이 부족할수록 더 몰입이 잘된다는 관점보다는, 제한된 시간을 더 효율적으로 사용할 방안을 강구하는 쪽에 초점을 맞춰야 한다.

마감시간이 닥쳐야만 초인적인 힘을 발휘하는 것과 거리가 먼 사람들, 즉 미리 계획하고 시간을 잘 관리해 항상 마감시간 전에 일을 끝내는 것을 선호하는 사람들은 어떨까? 이러한 사람들도 단점이 있다. 불필요한 일에 너무 많은 시간을 투자한다는 것이다. 일을 너무 일찍 시작하기 때문에 고민도 일찍 시작한다. 게다가 일이라는 것은 한 가지만 주어지지 않고 여러 가지가 한꺼번에 몰리거나 순차적으로 주어진다. 결국 한 사람이 맡게 되는 일은 여러 가지가 되게 마련이다. 이처럼 여러 가지 일들을 동시에 미리 시작하고 준비하고 고민하다 보면, 보통 사람들보다 일이 훨씬 더 많아지고 머릿속이 복잡해진다.

일을 미리 끝내는 사람들의 가장 큰 단점은, 급박하게 처리해야 하는 일이 주어지면 정신을 못 차린다는 것이다. 원래대로라면 일이 주어졌을 때 자연스럽게 머릿속으로 시간계획을 세우고 어떻게 진행할지 방법을 구상하는데, 이렇게 주어진 시간이 짧은 경우에는 일을 시작할 엄두가 나지 않는다. 생각을 많이 하고 천천히 여유롭게 일하던 습관 때문이다.

그러나 생각보다 많은 일들이 계획을 세울 수 있을 만큼 시간이 넉넉히 주어지지 않는다. 특히 직장에서는 내가 시간을 통제할 수 없는 단발성 일들이 매우 많이 떨어진다. 시간도 매우 귀중한 자원이어서, 언제까지나 여유롭게 일을 진행할 수는 없는 노릇이다. 이러한 사람들은 일이 늘어지지 않도록 긴장하고, 짧은 시간 내에도 최선의 방법을 찾아내 업무를 수행하는 역량을 길러야 한다.

이처럼 마감법칙은 적당한 압박감을 준다. 마감이 없는 일은 쉽게 뒤로 미루어지고 언젠가는 해야 하는 일이라는 사실을 알기 때문에 마음

한구석이 늘 답답하다. 하지만 마감법칙을 이용하면 의도적으로 압박감을 만들어 시간을 효율적으로 활용할 수 있다. 그리고 이 압박감의 수위를 스스로 조절하다 보면 정해진 시간 내에서 자신감과 편안함, 그리고 즐거움도 얻을 수 있다. 소소한 일상에서 주기적이고 반복적으로 해야 하는 일들에 마감시한을 정해보자. 그 시간을 단축해보는 것도 목표달성을 훈련할 수 있는 좋은 방법이다.

시간 있는 하루를 위해 나에게 던지는 질문

어떤 일을 할 때 소비한 시간과 필요한 시간이 다른 적이 있었는가?

내 시간을 갉아먹는 시간도둑은 무엇인가? 어떻게 제거할 것인가?

나는 마감시간을 즐기는 유형인가, 초조해 하는 유형인가? 일을 제대로 마무리하려면 어떤 점을 고치고 보완해야 하는가?

나만의
골든타임을
찾아라

딸아이의 옷장을 보면, 한 해만 줄기차게 입고 이듬해부터는 입지 않는 옷들이 꽤 많다. 평소에는 남들과 다른 개성 있는 옷들을 찾다가도, 가끔씩 유행하는 옷이나 패션 아이템들을 사곤 한다. 그런데 그런 아이템들은 한두 해만 지나도 왠지 촌스러워 보이나 보다.

유행이라는 것은 패션에만 해당되는 얘기가 아니다. 평소에 별로 관심 없던 영화가 '1,000만 관객을 돌파했다.'고 뉴스에 나오면 갑자기 그 영화가 보고 싶어진다. 남들이 많이 사거나 봤다고 하는 일명 '베스트셀러' 제품은 왠지 품질이나 효과가 입증된 것 같아 한 번쯤 사게 된다.

시간관리법도 유행이 있다. 나에게 어울리지 않지만 유행에 뒤떨어지기 싫어서 입게 되는 옷처럼, 나에게 그다지 잘 맞지는 않지만 남들이 좋다니까 유행하는 시간관리 툴을 내 일상에 억지로 끼워 맞춰본다. 하지만 이런 것 말고 나만의 시간관리법을 만들어보면 어떨까? 오롯이 내가 시간의 주체가 되는 시간관리법 말이다.

시간 사용내역을 정리하면 패턴이 보인다

기한이 없는 목표는 목표가 아니다. 모든 목표는 언제까지 달성해야 한다는 조건이 있다. 그 '언제까지'는 더 높은 효율을 위해서 스스로 정하기도 하고, 조직의 목표에 따라 자연스럽게 정해지기도 한다. 직장인들은 팀의 목표가 기한이 되고, 학생들은 중간고사나 기말고사 같은 평가의 시점이 정해져 있다. 취업준비생들은 지원하는 기업에 이력서를 제출해야 하는 마감기한이 있다. 이처럼 모든 목표에는 기한이 정해져 있기 때문에 목표달성의 가장 중요한 자원은 시간이다.

따라서 내가 시간을 어떻게 사용하는지 분석해보는 것이 중요하다. 가장 먼저 하루를 어떻게 사용하는지 시간 단위로 체크해보자. 이때 무리하게 5분, 10분 단위로 나누기보다는 30분이나 1시간 단위로 쪼개서 내가 그 시간 동안 무엇을 했는지 적어본다. 이렇게 24시간을 분석해보면 어떤 일에 얼마나 시간을 소요하고 있는지 알 수 있다. 조금 번거롭더라도 1주일 또는 2주일 정도 분석해보는 것이 좋다. 주중과 주말은 일과의 패턴이 달라지니까 따로 분석한다.

무엇을 하는 데 얼마만큼의 시간을 사용했는지 분석해보면 낭비되는 시간이나 자투리 시간이 언제인지 쉽게 알 수 있다. 막연하게 '자투리 시간을 활용해야지.'라거나 '짧은 시간 내에 많은 일을 하자.' 하고 생각하면 금세 포기해버리고 말지만, 이렇게 자신의 일과 패턴을 눈으로 확인해보면 개선할 점이 명확하게 보이기 때문에 꾸준히 시간관리를 할 수 있다.

또한 시간 사용패턴을 분석하다 보면 누구를 위해 시간을 많이 투자하는지도 알 수 있다. 직장인들 대다수는 어쩔 수 없이 개인적인 업무보다는 상사가 불시에 요청한 업무를 처리하는 데 많은 시간을 쏟는다. 그래도 직장인들은 어떠한 일을 완수했을 때 성취감도 생기고 상사로부터 칭찬받을 기회라도 있지만, 예를 들어 주부 같은 경우에는 타인을 위해 시간을 써도 그다지 성취감이 느껴지지 않는다. 고맙다는 말 한 마디라도 들으면 괜찮지만, 아무런 피드백이 없으면 언젠가는 허무하다는 생각이 들 것이다. 나중에 후회하지 않으려면 주부들도 가족들을 위해서만 시간을 쓸 것이 아니라 자신을 위해서 써야 한다. 누구든지 자신만의 목표를 위해 사용할 시간이 확보되어야 열심히 해도 쉽게 지치지 않는다.

나만의 골든타임을 찾아라

'아침형 인간'이 한창 유행할 때, 많은 사람들이 아침에 일찍 일어나 오전에 중요한 일을 모두 처리하는 것이 가장 좋다고 여겼다. 그래서 기업에서는 '집중업무 시간제'라고 해서 오전 9시부터 10시까지 회의나 지시, 사적 용무, 전화통화 등 업무에 방해될 만한 행동을 하지 않도록 하는 방침을 내리기도 했다. 하지만 이처럼 획일화된 방식이 누구에게나 통용되지는 않았다. 오전 9~11시에 집중이 잘되는 사람도 있고, 오후 2~4시에 일이 잘되는 사람도 있기 때문이다.

때문에 각자 자신의 몰입 패턴을 찾는 것이 중요하다. 내가 하루를 어떻게 보내는지를 분석해보면, 몰입도가 높고 생산성이 가장 뛰어난 시간대가 언제인지 확인할 수 있다. 그 시간이 바로 '나만의 골든타임'이다. 몰입이 가장 잘되는 골든타임을 찾았다면, 그 패턴에 맞춰 하루목표에 집중하는 '나만의 집중업무 시간제'를 실행해보자.

실제로 출근해서 퇴근할 때까지, 하루목표를 방해하는 요소들이 꽤 많다. 전화, 회의, 메신저 대화, 커피 마시기 등 이 일 저 일에 끌려다니다 보면 업무흐름이 끊긴다. 그래서 하루 종일 바쁘기는 엄청 바빴는데, 원래 계획했던 일들은 처리하지 못한 채 퇴근시간이 다가온다. 따라서 오늘 반드시 이루고자 하는 가장 중요한 일에 최대한 집중할 수 있도록 분위기를 조성하고, 최고의 효율을 끌어내야 한다. 특히 나만의 골든타임에는 가장 중요하고 시급하게 해야 할 일, 즉 '큰 돌'에 해당하는 과제들을 처리하는 것이 핵심이다.

그리고 '중간 돌'과 '작은 돌'들을 처리하는 나만의 전략을 세워야 한다. 시간표가 있고 주어진 과업이 있으니, 학생은 학교에서 직장인은 직장에서 주어진 역할에 최선을 다해야 한다. 그렇다면 이러한 시간을 제외하고 자신만의 목표를 위해 쏟을 수 있는 시간이 얼마나 될까? 학생이라면 야간자율학습 시간을 자신만의 학습시간으로 사용할 수 있지만, 직장인들은 야근시간을 그렇게 자유롭게 사용하기 어렵다.

하지만 직장생활을 해본 사람들은 공감할 것이다. 불필요한 야근이 얼마나 많은지. 물론 꼭 필요해서 야근하는 날도 있지만, 보통은 인사평가 점수를 잘 받기 위한 '보여주기식'이거나 상사가 퇴근하지 않아서 할 일도 없이 '눈치보기식'으로 야근을 하는 경우가 많다. 바로 이런 시간을 자신만의 시간으로 활용해보면 어떨까? 꽤 많은 직장인들이 이 시간에 인터넷 서핑을 하거나 동료들과 잡담하며 시간을 허비한다. 대신 주말 계획 혹은 내일의 목표를 미리 세워보자. 어떻게 죽일까 고민했던 시간들을 생산적으로 보내면 더 나은 내일이 우리를 기다릴 것이다.

성공하면 행복할까? 행복해야 성취한다

앞에서 항아리에 큰 돌, 작은 돌, 모래를 채웠던 교수 이야기다. 그 교수가 수업을 마칠 때쯤 모래까지 가득 채운 항아리에 커피를 부었다. 이로써 항아리는 진정으로 가득 차게 된 것이다. 그때 한 학생이 질문한다.

"교수님, 마지막에 넣으신 커피는 무엇을 의미하나요?"

교수는 이렇게 대답했다.

"아무리 크고 작은 일들로 내 시간이 꽉 채워져 있더라도 사랑하는 사람들과 커피 한잔할 수 있는 여유는 존재한다는 뜻입니다."

목표에 집중하기 위해서 시간을 분배하다 보면 한 가지 간과하는 것이 있다. 바로 '여유'다. 시간을 효율적으로 쓰는 데만 집중해서 옴짝달싹할 수 없이 계획을 짜는 경우가 있다. 하지만 목표달성만큼이나 중요한 것이 바로 여유시간을 확보하는 것이다. 좋은 사람들과 커피 한잔 나눌 여유도 없다면, 목표를 달성하는 그 시간들이 고통스럽기만 할 것이다.

잘 쉬고 잘 노는 사람일수록 생산성이 높다는 사실은 이미 많은 연구를 통해서 밝혀졌다. 쉬면서 스트레스를 건강하게 해소하고, 가족이나 친구들과 함께 시간을 보내면서 유대감과 충만함을 느껴야 목표에 더 잘 집중할 수 있다. 성공하면 행복해진다고 생각하지만, 행복해야 성취도 따라온다. 웃기 때문에 즐거워지고, 긍정적인 생각이 긍정적인 결과를 불러오는 것처럼 어떤 마음가짐과 심리상태로 목표를 향해 달려가는가도 중요하다. 이제 실행하는 일만 남았다. 머릿속으로 계산해서 만들어낸 나만의 시간관리법을 실제 행동으로 검증해보는 시간이다.

많은 사람들이 '나의 하루'를 살면서도 타인에 의해 끌려다닌다. 나의 시간도 마찬가지다. 내 시간의 주체는 나 자신이다. 무언가를 열심히 할 때, '이 일이 나 자신을 위한 일인가? 내가 선택한 일인가?'를 생각해야 한다. 그래야 나중에 후회를 하더라도 남 탓, 세상 탓하지 않는다. 내가 선택한 일이니까 결과에 대해서도 내가 책임지고, 후회를 하더라도 내가 해야 한다. 그런 능동적인 선택만으로도 자존감이 훌쩍 커진다.

일이든 공부든, 하다 보면 마음처럼 술술 풀리지 않을 때가 있다. 시간은 시간대로 흘러가고 해야 할 일은 점점 쌓여간다. 하지만 시간이 모든 것을 해결해주지는 않는다. 바쁘기만 하고 일은 풀리지 않을 때, 내가 보내는 시간 중 어딘가에 구멍이 있지는 않은지 유심히 찾아봐야 할 것이다.

시간 있는 하루를 위해 나에게 던지는 질문

오늘 하루 나의 시간 사용내역을 정리해보자.

나만의 골든타임은 언제인가?

나만의 여유시간은 언제인가? 여유시간을 가지려면 어떻게 해야 하는가?

5. 지원군 _
혼자 다 하지 말고 지원군을 얻어라

노나라 임금의 바닷새

옛날에 바닷새 한 마리가 노나라로 날아 들어왔다. 노나라 임금은 이 바닷새를 귀하게 여겨 궁궐 안으로 데려와 극진히 대접했다. 아름다운 음악을 연주해주었고 소, 돼지, 양을 잡아 맛있는 음식을 만들어주었다. 음식과 함께 술도 대접했다. 그러나 바닷새는 왜 임금이 자기에게 이런 대접을 해주는지 어리둥절해 했다. 바닷새는 먹을 수 없는 음식들과 술을 앞에 두고 3일 동안 슬퍼하다 결국 죽어버리고 말았다.

노나라 임금은 자신에게 좋은 것이 바닷새에게도 좋은 것이라고 생각해 자기가 좋아하는 것들을 바닷새에게 대접했다. 바닷새를 진정으로 위한다면 깊은 숲 속에 둥지를 마련해주고, 자유롭게 먹이를 사냥하도록 놔두어야 했다. 바닷새는 사람의 소리를 싫어하는데 음악까지 들려주었으니 얼마나 괴로웠겠는가?

이는 《장자》의 '지락' 편에 나오는 이야기다. 소통이 되지 않으면 아무리 좋은 의도로 열심히 했다 한들 결과가 좋지 않다. 바닷새가 자신이 진정으로 원하는 것이 무엇인지 임금에게 분명하게 말할 수 있었다면, 임금 역시 그렇게 하지는 않았을 것이다.

목표를 달성하려면 오로지 나의 힘만으로는 부족할 때가 있다. 누군가의 조언이나 도움, 자원이 필요한 경우도 있다. 하지만 내 목표를 상대방에게 명확히 말하지 않으면 제대로 된 조언이나 도움을 받기 어렵다. 반대로 내가 누군가를 도울 때도 마찬가지다. 하지만 많은 사람들이 목표를 알리는 데 익숙지 않다. 어떻게 도움을 요청해야 하는지도 잘 모른다. 목표를 말하지 않고 필요한 것만 요구한다거나, 도움을 줄 수 없는 사람에게 도움을 청하기도 한다.

예를 들어, 국가고시를 준비하는 친구가 있다면 그 친구와 놀고 싶더라도 시험이 끝날 때까지는 참는다. 간접적이나마 도움을 주는 것이다. 하지만 만약 그 친구의 목표를 몰랐더라면, 영화 보자, 술 마시자 등등 주말마다 연락해 친구를 괴롭혔을지도 모른다.

어떻게 하면 목표에 대한 소통을 효율적으로 할 수 있을까? 그리고 어떻게 환경과 주위 사람들을 내 지원군으로 만들 수 있을까? 노나라 임금처럼 상대가 원하지도 않는 것을 주거나, 바닷새처럼 자신이 원하는 것을 말하지 못하는 일이 생겨서는 안 되겠다.

글로 쓰고
말로 뱉어야
하는 이유

평소에는 목표에 관심도 없다가 어느 날 문득 '이건 꼭 이루고 싶다.' 하는 생각이 들 때가 있다. 그래서 가족들이나 친구들에게 "나 올해에는 반드시 ~를 이룰 거야."라고 말했다가 그게 무슨 목표냐, 너무 낮게 잡은 것 아니냐 등등 온갖 잔소리를 듣기도 한다. 그렇게 되면 나중에 새로운 목표가 생겨도 주위 사람들에게 말하지 않고 혼자 마음속으로 품고 있다가 달성하고 나면 알리려고 한다.

평소에 목표를 정하고 계획을 세우는 일에 익숙한 사람들도 주변 사람들에게 목표를 잘못 말했다가는 온갖 참견이란 참견은 다 듣는다. 특히 학생들은 엄청 피곤해진다. 부모님, 친구, 학교 선생님, 학원 선생님 등 내 성적에 관심을 가진 사람이 한둘이 아니다. 학습목표를 세워도 남들에게 말하기가 쉽지 않다. 참견도 참견이지만, 목표를 달성하지 못했을 때 쏟아질 폭풍 잔소리는 더욱 괴롭다. 실력이 부족하다거나 부지런하지 못해서라는 둥, 안 그래도 속상한데 더욱 기를 꺾어놓는다. 그러다 보니 우리는 목표를 만천하에 공개할 것이 아니라 마음속으로 간직하면서 혼자 열심히 매진하는 것이 최선이라고 생각하게 되었다.

남들이 뭐라고 하건, 내 눈에 잘 보이는 곳에

목표를 공개적으로 말하면 말할수록 달성 가능성이 높아진다고 하는데, 어떻게 하면 타인의 시선을 두려워하지 않고 목표를 공유할 수 있을까? 직접 알리는 것이 어렵다면 간접적으로라도 주변에 알릴 수 있다. 우선 그 목표가 진짜 내 목표가 되도록 늘 보이는 자리에 적어놓는 것이 더 중요하다.

목표를 자꾸 눈으로 확인하다 보면 명확하게 인식이 되어 목표 중심으로 생각하게 된다. 적어놓지 않고 머리로만 기억하는 목표는 쉽게 변하거나 잊힌다. 예상치 못한 장애물 때문에 달성이 어려울 것 같으면 나도 모르게 수준을 낮추고 그것에 만족한다. 적어놓지 않았기 때문에 처음부터 목표가 그 수준이었다고 착각할 가능성도 있다.

하루목표도 같은 방법으로 하루 중 가장 많은 시간을 보내는 곳에 붙여보자. 포스트잇에 적어서 붙여놓으면 다른 일을 하다가도 수시로 하루목표를 확인할 수 있다. 또한 하루하루 무엇을 달성했는지 매일 적어놓은 포스트잇을 모으는 재미도 있다.

가족 간에 대화가 부족하다면 목표를 적은 쪽지 한 장이 소통의 물꼬를 터줄 수도 있다. 가령 예민한 사춘기 아들이 무슨 꿈을 꾸고, 무슨 일을 하고 싶은지 궁금하지만 선뜻 물어보기 어렵다면, 아들 책상에 놓인 꿈을 적은 쪽지가 큰 도움이 된다. 아직은 목표에 대한 확신이 없어서 누군가에게 말하기 어려운 경우, 부모가 먼저 이를 발견하고 지원해주면 좋을 것이다.

가족 모두가 '목표 적기'를 실행하면 생각보다 큰 효과가 생긴다. 나는 매년 가족들과 함께 목표와 실행계획을 적고 그것을 액자로 만들어 거실에 걸어놓는다. 보다 보면 서로 동기부여가 되고, 서로의 목표를 응원하게 된다. 가족은 그 누구보다 든든한 후원자이며 지원자가 아닌가. 나역시 한동안 야식을 줄이고 운동을 했는데, 온 가족이 '야식 먹지 않기'에 동참해주었다.

나의 오만 가지 고민 중 96%는 쓸데없는 고민

주변 사람들이 어떻게 생각하든, 나의 목표를 보이는 곳에 붙여놓으면 이제 그것은 누구든지 볼 수 있게 공개된 것이다. 이렇게 목표가 간접적으로나마 공개되었을 때 발생하는 문제 중 하나가 지나친 감정소모다. 혹시 내 목표를 보고 누군가가 비웃지 않을까, 달성하지 못하면 창피해서 어쩌나 등등 실패를 미리 걱정하는 것이다. 하지만 성공이든 실패든 아직 일어나지도 않은 일이다. 미리 걱정할 필요 없다.

우리는 참으로 많은 생각을 한다. 생각 자체가 나쁘다는 것은 아니지만, 문제는 실속 없는 생각을 너무 많이 한다는 것이다. 하루 동안 내가 했던 모든 고민들 중에서 정말 중요한 것은 얼마나 될까? 심리학자 어니 J. 젤린스키Ernie J. Zelinski에 따르면 사람들이 걱정하는 것들 중에서 40%는 절대 현실에서 일어나지 않는 것이고, 30%는 이미 일어난 일이며, 22%는 안 해도 될 사소한 것이라고 한다. 무려 92%가 쓸데없는 고민이라는 것이다. 게다가 나머지 8% 중 절반인 4%는 우리 힘으로는 어쩔 도리가 없는 것들이라서 고민을 해봐야 소용이 없다. 그러니 겨우 4%만이 가치 있는 고민인 셈이다. 우리의 오만 가지 고민 중 96%는 아무런 도움이 되지 않는 고민들이다.

심각한 '생각병' 환자들은 불필요한 생각에 사로잡혀 하루를 망친다. 그러니 '완벽한 하루'를 원한다면 쓸데없는 생각을 버리는 연습부터 해야 한다. 일어나지도 않은 일에 대해 미리 과다하게 그리고 부정적으로 생각하다 보면 망상과 잡념의 악순환 고리를 끊을 수가 없다.

하루목표에 집중할 수 있다면 쓸데없는 걱정들이 적어지고 의지력과 자신감이 강해진다. 구체적인 목표에만 집중하면 나만의 안전한 하루 영역이 만들어지고, 온전히 내 하루의 주인이 될 수 있다. 적어놓은 목표를 보고 거기에만 집중하면 불필요한 생각에 끌려다니지 않는다. 고민만 하기보다는 실패하더라도 몸으로 부딪혀 해결책을 찾는 것이 낫고 마음을 다잡으면, 남들의 시선이나 참견도 대수롭지 않게 여길 수 있다.

내 목표에 대해 소통할 수 있는 단 한 사람

목표를 써 붙였다면 이제 내 목표에 대해 소통할 수 있는 한 사람이 필요하다. 설리번 선생님과 헬렌 켈러의 만남처럼 자신을 믿어주고 지지해주는 사람이 한 사람이라도 있다는 것은, 더 큰 꿈을 꾸게 하고 실패하더라도 다시 일어서는 힘을 준다. 직장상사, 선배, 친구, 가족들 중에 내 목표를 공유하고 지원해줄 사람을 찾아보자. 아무리 친한 사이여도 목표를 말하는 것은 어려울 수 있다. 멘토를 만날 수 있는 커뮤니티에 가입하거나, 자신의 커리어 플랜에 맞는 모임에 참석하는 것도 좋다. 요즘은 대학에서도 재학생이 희망하는 직업을 가진 선배와 매칭시켜주거나 기업 임원들에게 멘토링을 받을 수 있는 제도가 다양하게 운영되고 있다. 조금만 관심을 가지면 목표에 대해 소통할 사람을 만나는 것은 그리 어려운 일이 아니다.

'생각하는 대로 이루어진다.', '말하는 대로 이루어진다.', '말이 씨가 된다.'는 말들이 있다. 이처럼 목표는 자꾸 생각하고 말할수록 달성할 가능성이 높아진다. 과거에는 많은 기업들이 연간목표나 중장기목표를 내부에서만 공유했는데, 요즘은 홈페이지나 TV 광고를 통해 널리 공표한다. 널리 알리면 알릴수록 달성 가능성이 높아진다는 것을 깨달았기 때문이다.

목표를 널리 알리는 습관을 갖는 것은 매우 중요하다. 우리 회사 구성원들은 매주 월요일에 각자의 주간목표를 서로 공유한다. 업무목표에 대해 서로 소통하면, 내가 동료의 목표달성을 도와줄 수도 있고 나 역시 도움을 받을 수 있다. 그리고 현재 각자 어떠한 목표를 가지고 일하는지 쉽게 파악할 수 있기 때문에 리더가 업무를 부여할 때 한두 사람에게 몰리지 않는다. 목표를 글로 적고 말로 내뱉는 순간 목표로 향하는 지름길이 마법처럼 열릴 것이다.

지원군 있는 하루를 위해 나에게 던지는 질문

목표를 적어서 눈에 잘 보이는 곳에 붙여두었는가?

나는 어떤 쓸데없는 고민을 많이 할까? 쓸데없는 고민을 줄이려면 어떻게 해야 할까?

내 목표에 대해 소통할 수 있는 단 한 사람은 누구인가?

경쟁보다
협업,
순위보다
기록

그런데 목표를 여기저기 말하고 다니면, 나와 비슷한 목표를 가진 누군가가 나를 경쟁상대로 여기지 않을까? 예를 들어, '이번 시험에서 평균 90점을 받아야지.', 'A회사에 입사해야지.', '최연소 팀장이 되어야지.' 같은 목표를 동네방네 소문내고 다니면, 가만히 있던 경쟁자들이 나보다 더 열심히 해서 나를 앞질러가지 않을까?

학창시절에 우리는 늘 등수에 연연했다. 그래서 그런지 사회생활을 할 때도 나도 모르게 순위에 집착하고, 팀으로 해야 하는 일을 어려워한다. 그런데 목표를 이루기 위해 달려가다 보면 어느 순간 '나 혼자서는 힘들겠다.'는 생각이 든다. 내 힘으로는 구할 수 없는 자원이 필요할 수도 있고, 이 분야를 잘 아는 사람의 조언을 듣고 싶을 때도 있다. 누군가의 도움 없이 온전히 자신의 힘으로만 목표를 달성하기란 쉽지 않다.

목표를 서로 공유하고 도움을 주고받으려면, 순위가 아닌 기록에 집중해야 한다. 살다 보면 순위는 그렇게 중요한 것이 아니라는 것을 자연스럽게 알게 된다. 사실 우리가 이겨야 할 대상은 나와 같은 목표를 가진 사람들이 아니라 나 자신이다. 그래서 목표의 기준을 경쟁자의 점수나 순위가 아닌 자신의 기록으로 잡아야 한다. 그렇지 않으면 지속적인 자기 발전이 불가능하다.

어떤 분야에서 아주 힘들게 1등을 한 사람이나 기업이 어이없을 정도로 쉽게 그 자리를 내어주는 경우가 있다. 1등만을 목표로 달려왔기에 그것을 달성한 후에 무엇을 해야 하는지 몰랐기 때문이다. 한마디로 기준을 잘못 잡았다. 순위가 아닌 기록을 중시하는 사람들은, 다른 이들 시선이나 수준을 고려하지 않는다. 철저히 자기 자신만 본다. 어제의 나를 기준으로 새로운 기록을 향해 성장하는 하루하루를 보낸다.

경쟁을 버리면 얻어지는 것들

평소 허물없는 사이였더라도 같은 시험, 대학, 자격증 등을 목표로 하고 있다는 사실을 알게 되면 그 순간부터 나도 모르게 그 친구를 의식한다. 그 친구가 어떤 공부를 하는지, 시간관리는 어떻게 하는지 일거수일투족이 궁금해진다. 아무리 친한 친구여도 신경이 쓰이고 경계하게 되는 것은 어쩔 수 없다.

이러한 경계심은 아이러니컬하게도 정보공유를 위해 만난 모임에서도 어김없이 나타난다. 서로 정보가 없어서 모였는데, 상대방에게 얻은 것만큼만 자기 것을 공유하는 경우가 대부분이다. 이러한 현상은 특히 취업스터디에서 많이 나타난다. 요즘 취업난이 심하다 보니 금융업, 유통업, 제조업 등 기업 성격에 따른 취업스터디가 많다. 그러나 정보를 서로 공유하자는 좋은 취지에서 시작된 모임임에도 불구하고 경쟁심을 버리지 못해 결국 서로에게 독이 되는 경우도 많다.

불필요한 경쟁에 에너지를 소모하지 말고 먼저 호의를 베풀어보라.

자신의 동료, 친구들이 경쟁자가 아니라 조력자라고 생각하는 것이 소통의 시작이다. 내가 가진 정보를 먼저 주고 그다음에 도움 받고 싶은 것을 요청해야 한다. 아무리 친한 사이여도 남의 것을 얻으려고만 한다면 진정한 도움을 받지 못한다.

한 방송사에서 '거꾸로 교실의 마법, 1,000개의 교실'이라는 4부작 기획물을 방영한 적이 있다. 이 실험에 참여한 학생 4,337명을 대상으로 한 설문조사 결과, 자기주도 학습능력, 교사와의 관계를 포함한 69개 항목 모두에서 긍정적인 변화를 보였다. 학교가 지루하기만 했던 학생, 수업시간에 딴 생각을 하는 학생, 이런저런 핑계로 수업을 듣지 않고 자리를 비우던 학생들이 학교에 빨리 가고 싶어 하고 성적도 올랐다. 게다가 소심하고 내성적이던 아이늘이 활달해져 친구들과 사이좋게 지내기도 하며 가족과의 대화도 늘어나는 등 그야말로 엄청난 변화들이 이어졌다.

이렇게 대단한 변화는 아주 단순한 발상의 전환에서 시작한다. 주입식 교육방식을 180도 바꿔서 학생들이 스스로 공부하고 토론하며 수업에 주도적으로 참여하게 했다. 그런 과정에서 아이들은 서로의 생각과 의견을 존중해주었고, 수업내용을 이해하지 못하는 친구를 서로서로 챙겼다.

기존의 주입식 교육에 익숙했던 모범생 친구 한 명은 거꾸로 교실의 달라진 수업방식 때문에 주변의 친구들을 가르쳐주느라 자기 시간을 다 빼앗긴다며 불만을 표하기도 했다. 그런데 그런 식의 수업을 몇 번 하더니 이제는 학교가 신난다며 인터뷰를 했다. 그 아이의 엄마도 옛날에는 아이가 학교에서 돌아오면 늘 "짜증 나!"라고만 하고 집에서 말도 별로 하지 않았는데, 수업방식이 바뀌고 난 후부터는 행동이 완전히 달라졌다고 했다. 자기가 가르쳐준 친구가 성적도 오르고 수업도 열심히 듣는다며 그 친구를 칭찬하기도 하고, 학교에서 있었던 일들을 조잘조잘 이야기하면서 엄마랑 대화하는 시간이 늘어난 것이다. 소극적이고 개인주의적이었던 아이는 점점 변해가고 있었다.

이러한 실험에서도 알 수 있듯이, 경쟁이 아닌 협업을 통해 더 나은 결과를 만들어낼 수 있다. 함께 성장할 수 있는 환경을 만들면 서로의 하루를 지원해줄 수 있다. 물론 경쟁을 통해서도 배우고 성장할 수 있지만, 많은 부분들이 마음의 상처로 남는다. 누군가를 이기면 그 후에도 이겨야 할 대상이 지속적으로 나타나기 때문이다. 경쟁은 영원히 끝나지 않는다.

현명한 사람들은 경쟁이 소용없다는 것을 잘 안다. 자기 자신과의 싸움이 제일 어렵다는 것도 안다. 협업이 더 나은 결과를 가지고 온다는 것을 직접 경험했기 때문이다. 경쟁심을 버리고 열린 마음으로 내 목표를 주변 사람들과 공유해보자. 더 나은 결과가 기다릴 것이다.

지원군 있는 하루를 위해 나에게 던지는 질문
_____

나는 순위보다 기록을 중시하는가?

_____

_____

_____

_____

나는 주변인을 경쟁자가 아니라 협업자로 인식하는가?

_____

_____

_____

_____

어떻게 하면 동료, 친구들과 서로의 하루를 지원해주는 환경을 만들 수 있을까?

_____

_____

_____

_____

타인의 내공을
200%
배우는 법

흔히 면접을 보러 온 지원자들은 학생회장을 했던 경험이나 수상경력, 글로벌 기업의 인턴경험 등을 말하며 자신이 남들보다 뛰어난 인재라는 것을 강조한다. 하지만 그러한 사항은 이미 이력서에 모두 적혀 있는데다 면접관들은 별로 관심도 없다.

그 자리에서 진정으로 강조해야 할 것은 따로 있다. '나는 남들과 함께할 때 더욱 시너지를 내는 사람'이라거나, '리더와 구성원이 나로 하여금 일을 더욱 잘할 수 있도록 돕는 팔로어십followership을 가진 사람'이라는 점이다. 싫은 사람과도 어울릴 줄 알고, 자신보다 조금 부족한 사람이 있어도 무시하지 않으며, 자신보다 출중한 사람 앞에서 비굴해지지 않고 당당하게 한 수 배우려는 자세를 갖춘 사람을 직장에서는 필요로 한다.

왜냐하면 이러한 사람들이 조직에서 동료들과 쉽게 융화하고 협업하여 일을 잘해내기 때문이다. 자신이 이뤄낸 성과에 대해 자존심을 가지고 애착을 보이는 것은 당연한 일이다. 하지만 그 정도가 지나치면 중요한 것을 놓치게 된다. 특히 자기 의견만 고집한다거나, 반대 의견을 낸 사람에게 감정을 실어서 화를 낸다면 말이다.

오늘날 기업이 원하는 인재는 혼자만 특출하게 뛰어난 사람이 아니다. 다른 사람들과 함께 일할 줄 알고 그 속에서 시너지를 창출하는 사람이다. 그런 사람은 무슨 일이든 주변 사람의 객관적인 의견을 경청하고 배울 점을 찾아서 학습한다.

제대로 도움 받고 싶다면 '소통의 예의'가 먼저

내가 무엇을 이루고자 하는지, 현재 역량은 어느 정도인지, 어떤 자원을 얼마나 가졌는지…, 이런 것을 가장 잘 아는 사람은 나 자신이다. 그래서인지 우리는 은연중에 '내가 제일 잘 알아.'라거나 '나만 잘하면 되지.' 하는 생각을 하고, 때때로 누군가가 나와 다른 의견을 말하면 '당신이 뭘 안다고 그래?' 하며 무시해버린다.

이런 선입견을 버리지 않으면 조직생활이 많이 불편하다. 다른 사람의 정보에 귀를 기울이지 않기 때문이다. 빌 게이츠의 성공비결은 그가 처음부터 위대했기 때문이 아니라 자신보다 열일곱 살이나 많은 존 셜리를 영입해 자신의 부족함을 메우며 마이크로소프트를 운영했기 때문이라고 한다. 누구의 도움도 필요 없을 것 같은 빌 게이츠조차 남의 도움을 받았다. 도움 받는 것은 창피한 일도, 자신의 무능함을 증명하는 일도 아니다. 원하는 일을 달성하기 위한 하나의 효과적인 방법일 뿐이다.

소통할 때 꼭 지켜야 할 예의가 있다. 질문을 예로 들어보자. 대개의 경우, 질문이란 단순히 내가 궁금한 것을 상대방에게 물어서 알아내는 것이라고 생각한다. 왜 그 질문을 하는지에 대한 앞뒤 설명 없이, 그저 자기가 궁금한 것만 알려달라고 한다. 이런 사람은 질문에 대한, 그리고 소통에 대한 예의가 없는 사람이다.

남의 의견을 듣고 싶다면, 먼저 내 생각과 이유를 밝혀야 한다. 또는 내가 어떤 시도를 해보았는데 답이 나오지 않아서 어려움을 겪고 있다는 것을 먼저 이야기하고, 내가 시도한 방법들에 대한 정보를 먼저 알리는 것이 좋다. 이것이 소통의 예의다. 궁금한 사항에 대해서 나 나름의 대안을 먼저 생각해두고 소통하면, 더욱 생산적인 논의로 이어진다. 따라서 질문할 때는 반드시 질문에 대한 자신의 의견이나 대안을 먼저 밝히고, 이에 대한 상대방 의견과 해결책에 중점을 두어야 한다.

즐겁지 않으면 대화가 아니다

대화가 편안하게 잘되는 사람이 있는가 하면, 이상하게 잘 안 되는 사람도 있다. 가령, 매사에 직설적으로 말하는 사람과 대화를 나누다 보면, 처음에는 자존심도 상하고 욱할 때도 있다. 반면 속마음을 꽁꽁 숨기고 자기 의견을 속 시원히 밝히지 않는 사람과 대화를 하다 보면 뭔가 흐릿하고 답답하다. 그런데 그렇다고 해서 상대방에게 기분 나쁜 표정을 보이거나 답답하다고 말하면 어떻게 될까? 10분도 채 지나지 않아서 크게 후회할 것이다.

사람은 감정의 동물이다. 상대방의 감정을 긁는 이야기는 아무런 도움이 되지 않는다. 그러므로 대화를 시작하는 순간, 상대방의 태도가 마음에 들지 않는다거나 원하는 답변이 바로 나오지 않는다고 해서 곧바로 감정을 겉으로 드러내서는 안 된다. 일단 5초 정도 호흡을 가다듬고 마음을 안정시킨 후, 상대방의 이야기를 사실과 의견으로 구분해서 냉정하게 들어본다. 대화를 하면서 상대방에게 반감을 갖게 되는 가장 큰 이유 중의 하나는, 객관적인 사실 때문이 아니라 주관적인 의견 때문인 경우가 많다. 그러므로 대화를 나눌 때는 주관적인 의견을 가급적 배제하고 객관적인 사실에서 배울 점을 찾는 것이 좋다.

또 다른 경우, 서로 자신의 주장을 강하게 내세우는 대화가 이어질 때도 있다. 마치 축구 경기에서 같은 팀 선수들끼리 '골은 반드시 내가 넣을 거야.' 하며 다투는 것과 같다. 수비도 있고 어시스트도 있어야 골이 들어간다. 그래서 골을 넣은 선수도 칭찬받지만 수비에 힘쓴 선수도, 어시스트를 한 선수도 칭찬과 박수를 받는 것이다.

나만 잘한다고 해서 계획대로 일이 착착 진행되지는 않는다. 우리는 다른 사람과 상호작용을 하며 살아가는 사회적인 동물이기에 타인을 배제하고는 살아갈 수 없고, 또한 남들이 어떤 식으로든 개입하는 것을 막을 수 없다. 살다 보면 무수히 많은 역할을 해내고 그 역할에 맞는 일을 해야 하는데, 그 일을 제대로 해내려면 각각의 역할과 관련된 수많은 이해관계자들과 원활하게 소통해야 한다.

오늘 내가 할 일은 누가 결정할까? 나 스스로 결정하기도 하지만, 상사나 선생님이 시킨 일을 해야 할 때도 있다. 하고 싶지 않더라도 말이다. 그리고 내 일을 수행하기 위해서는 다른 사람의 도움이 필요한 경우도 있다. 이때 소통이 원활하게 이루어지지 않으면 어떤 일도 제대로 해낼 수가 없다.

그러므로 대화를 하는 순간에, 상대방의 감정이 휘둘리지 않고 대화를 이어나가며 기분 좋게 마무리 짓는 것이 중요하다. 나도 모르게 싫은 표정이나 몸짓이 나올 수 있기 때문에 표정, 눈빛, 말투, 음색에도 세심하게 신경 써야 한다. 두세 번 고개를 끄덕이기도 하고, 중요한 이야기는 맞장구를 치는 것도 좋다. 그리고 대화를 마무리할 때 상대방이 이야기한 내용 중에 핵심을 다시 언급하면서 좋은 의견을 주어서 고맙다는 인사도 잊지 말아야 한다. 이런 기본적인 것만으로도 대화는 즐거워질 수 있다.

다른 사람의 도움을 받아 오늘 해야 할 일을 수행하는 것은 시간을 효율적으로 사용하는 방법 중의 하나다. 그 일에 대해 잘 알고 있는 사람이 방향만 올바르게 제시해주어도, 어렵게만 느껴졌던 업무가 비교적 쉽게 해결될 것이다. '완벽한 하루'는 혼자 만드는 게 아니다. 가족, 친구, 동료들과 상하좌우로 소통해야 한다. 그 소통이 원활하면 원활할수록 오늘 해야 할 일은 빠르고 정확하게 달성될 것이다.

나는 상대방의 정보에 대해 어떤 선입견을 가지고 있는가?

_____

_____

_____

_____

나는 나의 생각을 먼저 밝히고 상대방의 의견을 구하는가?

_____

_____

_____

_____

나는 사람들과 대화하는 순간을 즐기는가? 즐겁지 않다면 왜 그런가?

_____

_____

_____

_____

6. 실행 _
실행이 전부다

히말라야 야명조 이야기

히말라야 고원지역의 설산은 낮에는 봄 같아도, 밤이 되면 눈바람이 휘몰아쳐 매우 춥다. 그런데 이 지역에 밤에만 우는 새가 살고 있다. 이름도 밤에만 운다고 하여 야명조夜鳴鳥다.

야명조는 따뜻한 낮 동안에는 먹이를 배불리 먹고 즐겁게 논다. 햇빛을 받으면서 아름다운 목소리로 마음껏 노래도 부른다. 그러다 매서운 추위와 함께 밤이 찾아오면 내일은 반드시 집을 지어 따뜻한 밤을 보내야겠다고 결심한다. 추위에 벌벌 떨다가 해가 뜨면 서서히 몸이 따뜻해져 어젯밤의 추위는 잊고 또 하루를 즐겁게 보낸다. 야명조는 밤이 오면 또다시 낮에 집을 짓지 않는 것을 후회하고 울면서 밤을 지새운다.

해가 뜨면 지난밤의 추위를 까맣게 잊고 즐겁게 놀고, 밤이 오면 후회하고…. 이렇게 결심과 후회를 반복하며 평생을 허비한다.

사람들은 쉽게 야명조와 같은 유혹에 빠진다. 지금 당장 무언가가 간절히 필요할 때만 그것을 반드시 하겠노라고 굳게 결심한다. 그러나 그 곤경에서 약간만 벗어나면 그 일을 미루거나 잊어버린다. 지금 당장의 달콤한 유혹에 빠져 앞으로 일어날 일에 대해서는 대처할 생각을 미루는 것이다.

　　실행에 옮기지 않으면 계획한 모든 일이 물거품이 된다. 실행을 방해하는 것들이 무엇인지 자신의 나쁜 습관을 찾아 개선해야 야명조처럼 평생을 후회만 하다 허송세월하지 않을 것이다.

실패를 만나면
체념을 배우는 사람
vs.
성공에
다가가는 사람

아무런 도전도 하지 않은 채 어제보다 나은 오늘을 살고 싶다는 것은 너무나도 얌체 같은 생각이다. 아인슈타인은 이렇게 말했다. "똑같은 방법을 반복하면서 다른 결과가 나오기를 기대하는 사람은 정신병자다." 아인슈타인은 과학 실험에 관해 말한 것이었지만, 이 말은 우리의 일상에서도 똑같이 적용된다. 혹시 아무 노력도 하지 않으면서 성공을 바라고 있지 않은가? 어제보다 나은 하루를 살고 싶다면 마땅히 어제와 다른 길을 가야 한다. 다른 길을 간다는 것은 분명히 쉽지 않지만 말이다.

도전 자체를 지나치게 큰일로 보거나, 실패를 과도하게 두려워해서 망설이는 경우도 있다. '나는 어차피 여기까지가 한계야.' 하고 지레 포기하는 경우다. 실제로는 해낼 수 있는 역량이 충분한데도 자신의 잠재력을 과소평가해 시도조차 하지 않는다.

가벼운 맹세는 반복되는 실패를 부르고

'살 빼야지, 게임 그만 해야지, 담배 끊어야지…'

이런 크고 작은 맹세를 습관적으로, 즉흥적으로 내뱉는 사람들이 많다. 진지하게 실행으로 옮길 계획도 의지도 없으면서 왜 그런 말을 할까? 앵무새처럼 그냥 말로만 의미 없이 맹세하는 것은 별로 바람직하지 않다.

특히 새해가 되면 많은 사람들이 새로운 결심을 한다. 흡연자들은 새해뿐만 아니라 담뱃값이 오를 때마다 금연을 다짐한다. 그런데 실제로 금연에 성공하는 사람은 별로 없다. 진지하게 생각하지 않고 즉흥적으로 맹세했기 때문이다. 하지만 그런 맹세는 며칠, 아니 몇 시간만 지나도 '아직은 괜찮아.', '당장 무슨 일이 일어나는 것은 아니니까.' 하며 흐릿해진다. 하지만 당장 한 달밖에 못 산다는 선고를 받는다면? 아마 그 즉시 담배를 끊을 것이다. 담배를 쳐다보는 것조차 싫어진다.

실천으로 옮겨지지 않는 맹세는 목표도 아니고 계획도 아니다. 그저 상상일 뿐이다. 늘 머릿속으로만 생각하는 이유는 맹세의 무게가 너무 가볍기 때문이다. 큰일이든 작은 일이든, 막연하게 '해야지!'라고만 생각해서는 목표점에 도달할 수가 없다. 말로 혹은 마음으로 맹세만 할 것이 아니라, 자존심을 걸고 진심으로 실천해야 한다. 함부로 맹세하지도 말고, 스스로 맹세한 약속의 무게를 가볍게 여기지도 말라.

그다지 새로울 것 없는 우리의 일상도, 따지고 보면 1분 1초가 '도전'의 연속이다. 어제보다 좀 더 편하고 빠르게 일할 방법을 찾는 것도 효율을 높이는 작은 도전들이다. 사람은 누구나 성공도 하고 실패도 한다. 죽는 날까지 성공만 하는 사람은 세상에 아무도 없다. 그런데 많은 사람들이 실패에서 느끼는 좌절감 자체를 지나치게 두려워한다. 조직에서도 실패를 하나의 과정으로 인정해주는 경우가 드물기 때문에 한 번 실패하고 나면 지레 겁을 먹고 다른 도전을 포기한다.

하지만 실패는 쓸데없는 것이 아니다. 관건은 실패한 다음에 이어지는 행동이 무엇이냐다. 쉽게 말해, 툭툭 털고 일어날 것인가 아니면 다 포기하고 드러눕는가의 차이다. 털고 일어나는 사람은 '실패는 성공하기 위한 수백 가지 방법 중 하나'라는 사실을 안다. 상투적인 말이지만, 실패 없이는 성공도 없다. 한 번에 잘하는 사람도 있겠지만, 그도 다음번에 실패할 가능성은 얼마든지 있다.

자주 해오던 일은 금방 쉽게 끝낼 수 있지만 처음 도전해보는 일은 시간이 오래 걸린다. 가끔은 한 번에 끝내기 어려운 일도 있다. 하지만 그 일도 처음이 어렵지 자꾸 반복해보면 익숙해지고 쉬워진다. 빠른 길이라는 것은 처음부터 있던 것이 아니다. 돌아서 가보기도 하고 막다른 길로 가보기도 하면서 수없이 많은 반복을 통해 '이 길이 가장 빠르다.'를 경험한 결과물인 것이다.

이번에 성공했다고 해서 다음번에도 계속 성공하리라는 보장이 없으며, 한 번 실패했다고 해서 계속해서 실패하리라는 법도 없다. 똑같은 성공과 실패를 겪더라도, 그 후에 누가 제대로 교훈을 짚어내고 다음번에 잘 활용하느냐가 중요하다. 뻘 속에 진주가 숨어 있듯이, 실패 속에서 다음에 실패하지 않을 방법을 찾아내야 한다. 한 번에 모든 것을 완벽하게 바꾸겠다는 욕심을 버리고, 무수한 실패와 반복학습을 통해 성공경험을 체화시키는 것이 곧 완벽한 하루를 만드는 길이다.

학습 포인트를 찾았다면 그것은 실패가 아니다

실패 없이 성공하면 당연히 최상이다. 하지만 도전할 때마다 단 한 번의 실패도 없이 성공할 확률은 지극히 낮다. 그렇다고 실패를 익숙하게 받아들여서는 안 된다. '실패도 좋은 경험이니까.' 하고 너무 쉽게 받아들이지 말고, 한 번 실패할 때마다 자신이 들인 노력과 시간을 아까워하며 이를 악물고 원통해 해야 한다.

똑같은 실패는 한 번이면 족하다. 그 한 번의 실패를 통해 제대로 배우고, '이제는 성공할 수 있다.'는 확신을 가지는 게 중요하다. 그래야 발전할 수 있다. 아무도 방법을 알려주지 않아서 실패했다고 변명하기엔 나이가 창피하다. 어린이도 아니고 성인이 된 우리는 스스로의 맹세를 지키고 하루하루를 좀 더 완벽하고 만족스럽게 살아야 한다.

실패했다면 그 이유를 분석하고 무엇이 잘못되었는지 원인을 찾아야 한다. 그러기 위해서 자신이 실행을 제대로 하지 못했던 이유들을 모아 리스트로 만들어보는 것도 좋다. 일종의 실패노트인 셈이다. 나의 어떤 습관 때문에 중도에 포기했는지 그 이유를 알고 나면, 해결책이 보인다. 태도나 마음자세에 문제가 있었는지도 알아낼 수 있다. 이처럼 리스트를 만들어놓으면 놓치고 있던 것들이 보이고, 다음번에 성공할 수 있는 힌트도 얻을 수 있다.

실행하는 하루를 위해 나에게 던지는 질문

내가 습관적으로 하는 가벼운 맹세는 무엇인가?

실패를 통해 새로운 도전을 했던 경험이 있는가?

실패를 통해 학습 포인트를 습득한 적 있는가? 무엇을 배웠는가?

지금,
내 열정의 온도는
몇 도인가?

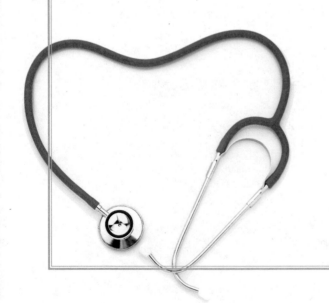

오늘 하루를 어떤 태도로 보내고 있는가? 목표한 일이나 공부를 할 때도 좋아하는 취미활동을 할 때처럼 즐거운가? 혹시 어제 약속했던 일들을 오늘 포기해버리지 않았는가? 이러한 질문에 답을 해보면 '나는 왜 하루를 뜨뜻미지근하게 보내는가?'에 대해 고민이 생긴다.

의욕적으로 뭔가를 해서 뿌듯한 날도 있고, 매사에 짜증스럽고 지겹고 시큰둥한 날도 있다. 하루를 보내는 열정의 온도가 달라서 그렇다. 스스로가 싫어질 만큼 나태하게 시간을 보내는 것은 아마도 나의 하루에 확 미치지 못했기 때문일 것이다. 지향점이 없으니 매사에 뜨뜻미지근해질 수밖에 없다. 똑같은 일이 주어져도 사람마다 목적에 대한 열정이 얼마나 뜨거운가에 따라 전혀 다른 결과를 만들어낸다.

열정이 식은 하루는 '어쩔 수 없이 흘려보내야 하는 시간'이 되어버린다. '해야 하니까 어쩔 수 없이 한다.'는 생각으로 하니 무엇도 제대로 될 리가 없다. 이들을 기다리는 것은 끝없이 반복되는 슬럼프뿐이다. 그러나 하루를 '뜨겁게' 살아가는 사람들은 다르다. 그들은 오늘 하루를 '자신이 원하는 목표를 이뤄내는 기회'로 삼는다. 따라서 스스로 확실히 동기부여가 되어 잡다한 생각 없이 무조건 뛰어든다. 일이든 공부든 즐거운 마음으로 열정을 다한다. 열정적으로 몰입할 때 나오는 아드레날린이 얼마나 짜릿한지는 경험해본 사람들만 알 것이다.

나의 하루는 나의 얼굴, 나의 자존심

미국의 16대 대통령 에이브러햄 링컨이 남긴 유명한 말 중에 "사람은 나이 마흔이면 자기 얼굴에 책임을 져야 한다."라는 말이 있다. 나이 마흔이면 반평생을 살았다고 할 수 있다. 그 정도의 시간이면 그 사람이 살아온 세월과 성격이 얼굴에 다 묻어나므로 책임을 져야 한다는 뜻이다. 이 말을 우리의 하루에 적용해보면 어떨까? '내가 보낸 하루는 내 얼굴이자 자존심이며, 내가 보낸 하루는 곧 내 이름이 된다.'가 아닐까?

내가 해낸 일의 완성도는 곧 내 자존심이다. 스스로 만족스럽지 않으면 자존심이 상한다. 반대로 "이걸 정말 내가 다 끝낸 거야?", "어려울 거라고 예상했는데 원하는 목표를 다 해냈어!"라고 말할 수 있다면, 상상하는 것만으로도 짜릿해진다.

내가 보내는 하루는 내 얼굴과 이름을 완성해가는 자기수련 과정이기도 하다. 그래서 하루목표 달성은 자기완성의 일부다. 그러니 단번에 목표를 이뤄서 인생을 바꾸려는 생각이나, 이리저리 눈치 보며 어떻게든 쉽게만 하려는 생각은 버려야 한다. 내 이름과 자존심을 건 일이니까.

온전히 자신의 두 발로 세상에 서려면, 스스로 목표를 분명하게 세우고 이를 실행해 나가며 자기발전해야 한다. 누가 지켜보고 있으면 열심히 하는 척하고, 아니면 설렁설렁 넘어가는 것은 소인배의 행동이다. 주어진 일을 자신의 사업으로 받아들이면 사장이 자리에 있든 없든, 선배가 지켜보든 말든 전혀 문제가 되지 않는다. 회사와 사장은 내가 열심히 일하도록 무대를 마련해주는 역할만 할 뿐이다. 결국 삶이란 다른 누구도 아닌 나 자신을 위해 사는 것이다. 그러니 내 이름과 얼굴을 증명할 수 있는 주체적인 삶을 살아야 한다.

똑같은 업무도 '성과'가 되거나 '뻘짓'이 되거나

뭔가 새로운 일에 도전할 때, 지속적으로 하지 못하고 한두 번 하다 끝나버린 기억이 있을 것이다. 왜 그럴까? 마치 깨진 파이프에서 물이 줄줄 새는 것처럼, 중요한 일들을 놓치게 만드는 요인이 있을 것이다. 물이 새는 곳을 빨리 찾아서 고쳐야 한다.

'실수도 실력'이라는 말을 많이 들어보았을 것이다. 야속하게 들려도 어쩔 수 없다. 작은 실수가 애써 쌓아온 신뢰를 깨버릴 수 있기 때문이다. 실수가 잦아지면 상대방은 물론이고 나 자신조차 그것이 나의 한계라고 믿어버린다. 누구나 실수할 수 있다. 그러나 단순히 실수라며 방치해서는 안 된다. 사소한 것일수록 더 완벽하게 해내야만 성과도 내고 인정도 받을 수 있기 때문이다. 이메일이나 메신저를 사용하다가 받는 사람을 잘못 클릭해서 엉뚱한 사람에게 메시지를 보낸 경험들이 아마 있을 것이다. 누군가를 험담하는 이야기가 바로 그 누군가에게 전달되는 일도 있다. 이런 경우, '한 번만 더 확인해볼걸.' 하고 뼛속 깊이 후회한다. 돌이

킬 수 없는 상황을 만들기 전에, 이런 사소한 것일수록 더욱 꼼꼼히 확인하는 습관을 들여야 한다.

실수가 잦아서 망신당하는 일이 비일비재하다면, 이러한 경험들을 체크리스트로 만들어보자. 이것이 나만의 '실수노트'가 되어 똑같은 실수를 반복하지 못하게 막아줄 것이다. 해당사항들을 하나씩 체크하면 일을 끝까지 꼼꼼하게 챙기는 습관도 생긴다. 디테일에 집중하는 습관이야말로 우리의 업무를 '성과'로 화학변화시켜주는 마지막 단계다.

스스로에게 명확하게 동기부여를 해주는 사람이라면 장애요인들이 방해해도 목적을 향해 달려나갈 수 있다. 그러나 목적이 희미하고 스스로를 격려하지 못하는 사람은 이런저런 사소한 일들에 지나치게 예민하게 반응한다. 아까운 시간을 허비하면서 왜 이런 고생을 할까? 뭔가를 해보겠다는 열정이 생기는 순간, 기회도 덩달아 많아진다. 어차피 해야 할 일이라면 나를 키워주는 학습과정이라고 생각하고 밀어붙이자.

사각지대로 벗어난 일이 끝끝내 발목을 잡는다

술술 잘 풀리는 일이 있는 반면, 풀릴 듯 말 듯 생각과 달리 진행이 안 되는 일도 있다. 그런 일을 붙잡고 있다가 제대로 해결도 못한 채로 마감시간을 맞기도 한다. 발등에 불이 떨어지기 전에 일을 질질 끌게 만드는 요소들을 목록으로 적어보면 사각지대로 벗어난 일들이 눈에 보인다. 목록을 보며 사각지대에 있던 업무들을 다시 챙기다 보면, 왜 그 업무가 찬밥 신세가 되었는지 알 수 있다. 다른 바쁜 일에 치여 정말로 깜박 잊었거나, 역량이 부족하고 경험이 없어서 일의 진도가 안 나갔을 수도 있다. 지지부진해진 원인을 정확히 파악하면 적절한 처방도 내릴 수 있다.

목록을 만드는 것은 늘어지는 일의 매듭을 짓는 기본 중의 기본이다. 쓸데없는 데 시간을 낭비하지 않고 반드시 해야 할 행동에만 집중하려면, 방해요소들을 미리 제거하고 시간과 공간을 포함해 주변 환경을 다시 정리해야 한다. 예를 들어, 별다른 이유 없이 습관처럼 자주 만나는 친구 모임 등을 줄일 수도 있다.

일요일 저녁부터 소화도 안 되고 괜히 가슴이 답답해지면서 잠도 안 온다면 전형적인 '월요병' 증상이다. 시험공부도 안 하고 '내일 시험을 망치면 어쩌나.' 하고 걱정하는 것과 같다. 내일이 오는 것이 싫어도 내일은 오게 되어 있다. 월요병에 빠져 무기력하게 보낼 것이 아니라, 미리 다음 주 목표와 계획을 세우고 정리해보는 것이 어떨까?

실행하는 하루를 위해 나에게 던지는 질문

하루목표에 나의 자존심이 담겨 있는가?

나의 하루를 방해하는 나쁜 습관은 무엇인가? 어떻게 고칠 것인가?

하루목표를 달성하지 못할 경우 어떻게 대처할 것인가?

일의 덩어리를
어떻게
자를까?

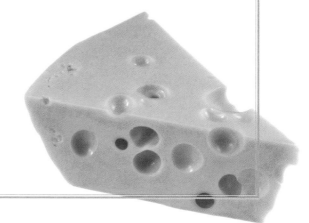

올림픽의 꽃 마라톤은 42.195km를 달리면서 극한의 고통을 이겨내는 종목이다. 마라토너들은 어떻게 그 긴 거리를 완주할 수 있을까? 42.195km라는 숫자는 보기만 해도 엄청난 압박감을 준다. 그래서 마라토너들은 출발하자마자 눈에 보이는 목표물을 찾는다. 저 앞에 보이는 나무나 전신주를 목표로 100m, 200m씩 나눠서 달리는 것이다.

훈련할 때도 마찬가지다. 매일 연습으로 42.195km를 뛸 수는 없다. 전체 거리를 5km씩 나누어 처음 5km는 워밍업 단계, 다음 5km는 속도 진입 단계, 그다음 5km는 속도 유지 단계 등 5km마다 훈련방법이 다르다. 구간마다 최상의 훈련법을 찾고, 이러한 과정을 통해서 자신이 원하는 기록에 도달한다.

우리도 짧으면 1달, 길면 1년에서 2년 단위의 목표를 세운다. 그런데 이런 일들은 한 번에 처리하기에는 덩치가 너무 크다. 마라토너처럼 목표를 달성하기 위한 과정목표를 나누는 작업이 필요하다.

실행 가능한 크기로 잘라라

우리가 흔히 오해하는 것이 있다. '아는 것'과 '할 줄 아는 것'을 혼동하는 것이다. '아는 것'과 '할 줄 아는 것'은 엄연히 다르다. 어떠한 정보를 '알고 있다.'는 것은 의사결정을 하는 데는 도움을 주지만, 그 자체가 실행으로 이어지거나 목표를 달성시켜주지는 않는다. '아는 것'이 진정 의미를 가지려면 그것을 직접 실행해야 한다.

'아는 것'을 '할 줄 아는 것'으로 만들려면, 목표달성에 영향을 주는 과제를 찾아내고, 그 과제를 제대로 실행할 수 있는 세부 실행계획을 치밀하게 세워야 한다. 즉, 일을 작은 단위로 잘게 나눠야 한다.

그런데 일을 나눌 때도 나만의 기준이 있어야 한다. '그냥 대충 나누면 되는 것 아니야?' 하고 아무렇게나 나누면 흐름이 없어져 뒤죽박죽이 되거나 했던 일을 또 하게 된다. 목표의 내용과 그 구성요소에 따라 일을 나누는 범위가 달라져야 할 것이다.

그렇다면 일은 어떻게, 그리고 어떤 기준으로 나누어야 할까? 가장 중요한 것은, 원하는 결과를 얻기 위해 해야 할 일의 순서를 나누는 것이 아니라 기대하는 '목표'를 구성하고 있는 세부 구성요소를 나누는 것이다. 보고서를 작성하기 위해 자료를 수집하고 분석하고 분문을 작성하는 일련의 순서를 나누라는 것이 아니라, 보고서가 완성되었을 때의 모습을, 마치 집을 짓기 전에 조감도를 먼저 그리듯이, 구체적으로 스케치해보고 반드시 포함되어야 할 세부 구성내역을 나누라는 것이다. 어떤 일을 하기 위해서는 추진계획을 세우고 자료를 수집하고 분석하고 중간보고를 하고 마무리하는 절차는 당연히 해야 할 일의 순서다.

오늘 내가 달성해야 할 목표수준과 달성된 구체적인 모습을 그린 다음에 이에 맞는 실행계획을 수립한다. 내가 달성하고자 하는 간절한 목표가 무엇인지, 그리고 그 목표가 완성되었을 때의 모습이 어떤지를 정확하게 알지 못하면 불가능한 일이다.

만약 내가 팀장이라고 가정해보자. 1주일 동안 모든 팀원을 면담하기 위해서 오늘 팀원 1명을 면담하기로 하루목표를 정했다. 이러한 하루목표를 어떻게 실행 가능한 크기로 나눌까? 점심시간에 둘이 식사하며 대충 이런저런 이야기를 나누는 것으로 만족스러운 결과가 나올 리 없다. 목표가 막연하면 실행하기 어렵다. 일의 단위를 실행 가능한 크기로 나누려면, 원하는 결과물을 위한 대상과 실행계획이 구체적이어야 한다.

팀원면담의 결과물이 칭찬할 점과 보완해야 할 점 그리고 향후 계획을 인식하게 하는 것이라고 하자. 면담을 오후 1시로 계획했다면, 오전에 팀원이 중요하게 맡고 있는 최근 업무가 무엇인지, 평소의 행동을 관찰한 기록이나 업무일지 등을 훑어본 후, 면담에서 이야기해 주어야 할 구체적인 내용을 미리 정리해볼 수 있을 것이다. 성과와 관련해 칭찬할 만한 점 2가지, 동료들과의 관계에서 보완했으면 하고 요구할 내용 2가지, 앞으로의 경력개발 계획과 관련하여 질문할 것 1가지 등을 미리 준비해 실행하는 것이 바람직하다.

목표달성 후의 모습을 알고 나면 세부적으로 추진해야 할 일의 분량과 기한이 정해진다. 이때 내가 다른 업무에 할애하는 시간을 잘 계산해서 나누어야 실수가 없다. 이루고자 하는 최종적인 목표에 맞추어 구체적이고 실행 가능한 단위로 일을 작게 나눠보자. 그러면 시간배분도 가능해진다. 최종적으로 나온 계획은 늘 메모를 해두어야 실행으로 이어진다는 사실도 잊지 말아야 할 것이다.

어려운 일은 우선 공략, 쉬운 일은 매뉴얼화

작게 나눈 일들을 살펴보면, 투입해야 할 시간과 노력이 전부 다르다. 저마다 난이도가 다르기 때문이다. 그러니 실행계획도 다르게 세워야 한다. 먼저, 과거의 방법과 동일하게 실행해서는 달성하기 어려운 목표들이 있다. 이러한 경우 수행과정에서 예상치 못한 상황이 발생해 계획대로 진행되지 않는 경우가 종종 있다. 따라서 일어날 수 있는 돌발상황을 미리 예측하고 대비하는 것이 매우 중요하다.

이런 계획은 돌발상황의 발생 가능성이 유난히 높거나, 목표의 수준이 도전적이다. 기존의 방법으로는 달성하기 어렵다. 그래서 다른 계획들보다 더 많은 자원이 필요하다. 특히 시간이라는 자원은 사용할 수 있는 양이 정해져 있어서 이렇게 사전에 계획들을 분류해놓으면 어디에 더 투입해야 할지 쉽게 판단할 수 있다. 더욱 집중해야 하는 핵심적인 계획들이 있음에도 불구하고 사람들은 달성하기 쉬운 목표에 많은 시간을 투입한다. 그래서 하루가 짧게 느껴지는 것이다. 문제는 시간부족이 아니라 긴 시간을 투자해도 생산성이 낮아 결과가 없다는 것이다.

핵심적인 계획들을 분류하고 나면 일상적인 노력으로도 달성할 수 있는 일들이 남는다. 이미 해봤거나 비교적 쉬운 일들이다. 쉽게 달성할 수 있는 계획이나 행동지침들은 나도 모르는 사이에 나만의 매뉴얼을 갖게 되는 경우가 많다. 기존에 했던 방식이나 절차대로만 실행하면 별 문제가 없다. 이러한 계획들은 시간을 최대한 적게 쓰는 것이 효과적이다. 여기에서 아낀 시간을 핵심적인 계획에 투자하면 좋다.

하지만 주의해야 할 사항이 하나 있다. 어떤 일은 쉬운 계획이라고 만만하게 생각해 신경 쓰지 않고 있다가 큰 낭패를 보기도 한다. 목표를 둘러싼 환경은 어디서 어떻게 변할지 모르기 때문에, 계획들을 분류할 때는 정확한 현상 데이터 분석을 기반으로 해야 한다.

말은 좀 어려워 보이지만, 그리 복잡한 것은 아니다. 예상치 못한 복병을 만날 수도 있으니까 미리 관련된 사항을 점검해서 대비하라는 것이다. 구체적인 실행계획에 영향을 미칠 수 있는 환경적인 요소나 자신의 역량과 관련된 것들이다. 이불 빨래를 하기 전에 오늘 비가 오는지 일기예보를 확인하는 것처럼, 혹시 내가 컨트롤할 수 없는 문제가 있는지 확인하고 대비하는 것이다.

간혹 일하다 보면 일의 속도와 강약을 어떻게 조절해야 할지 몰라서 헤맨다. 하지만 일의 덩치가 크다고 해서 겁먹을 필요는 없다. 오히려 그런 일일수록 요령만 알면 더 큰 성과를 얻을 수 있다. 가령, 큰 덩어리의 목표는 눈에 보이는 단위로 잘게 나누는 것이 핵심이다. 이것을 인수분해라고 보면 된다. 10년 후에 달성할 큰 목표도 한 달 목표나 하루목표로 잘게 나누어 구체화시키면 자신감이 저절로 생기고 실행하고 싶은 의욕이 솟아난다. 일을 잘게 나누면 일의 분량과 기한이 정확하게 정해지기 때문이다. 목표는 시간에 비례하지 않는다. 전후좌우를 살펴보고 본질을 꿰뚫으면 그 목표는 50% 이상 성공한 것이나 다름없다.

일의 주인은 실행의 주체인 나 자신이다. 그것은 곧 해야 할 일과를 모두 꿰뚫고 있어야 한다는 뜻이며, 하루의 흐름을 손에 쥐고 있어야 한다는 것이다. 이런저런 핑계를 대며 실행을 미루거나, 다른 사람들의 도움을 얻으려고만 한다면 그것만큼 무책임한 것도 없다. 무슨 일이든 오너가 되어 자존심을 걸고 주도적으로 실행에 옮겨야 한다.

오늘 목표를 달성하기 위해 일의 덩어리를 어떻게 자를 것인가?

고난이도의 일들을 우선 공략할 수 있는 나만의 전략은 무엇인가?

나의 하루 일과 중 매뉴얼로 만들 수 있는 쉬운 일은 무엇인가?

7. 성장 _
돌아보고 내다보면 내일은 더 완벽하다

기억은 조작된다

미국의 심리학자이자 기억 전문가 엘리자베스 로프터스Elizabeth Loftus는 누군가의 조작된 기억 때문에 억울하게 누명을 쓰고 감옥에 간 사람들을 위해 일한다. 그녀는 다양한 실험을 통해서 사람들의 기억이 조작된다는 것을 보여주었다. 피실험자 24명에게 그들의 어린 시절에 관한 진짜 기억 3가지와 쇼핑몰에서 길을 잃은 적이 있다는 가짜 기억 1가지가 담긴 책을 보여주었다.

책을 읽은 후 피실험자들에게 자신이 기억하는 어린 시절에 대해 적어보라고 했다. 놀랍게도 피실험자의 절반 이상이 쇼핑몰에서 길을 잃었다는 가짜 기억을 생생히 기억해냈고, 심지어 그때 자신이 무슨 옷을 입었고 무엇을 들고 있었는지까지 자세하게 묘사했다.

로프터스는 만화 캐릭터에 대해 잘 알고 있는 젊은 사람들을 대상으로 했던 실험에서도 비슷한 결과를 얻었다. 대학생들에게 디즈니와 관련 없는 워너

브라더스의 만화영화 주인공 벅스 버니를 선전하는 디즈니 광고를 보여주고 나서 어렸을 때 디즈니랜드에 갔던 기억을 떠올려보라고 했다. 피실험자의 36%는 디즈니랜드에서 벅스 버니를 봤다고 했으며, 벅스 버니를 쓰다듬고 포옹했다는 대답도 나왔다. 디즈니랜드에는 다양한 캐릭터 인형들이 있지만 벅스 버니는 디즈니의 캐릭터가 아니기 때문에 절대 있을 수 없다.

사람의 기억 중 1/3은 허위 기억이 주입된 것이라고 한다. 전혀 겪은 일이 없는 일을 스스로 경험했다고 믿을 수 있다는 말이다. 내가 경험했다고 확신하는 많은 기억들은 사실 스스로 조작해낸 가짜일 수도 있다. 인간은 자신이 기억하고자 하는 것만 기억하려는 성향이 있고, 모호한 기억을 자기 나름대로 각색하려는 경향도 있다. 이런 것들이 여러 실험을 통해서 증명되었다. 로프터스는 한 강의에서 이렇게 말했다.

"누군가가 여러분에게 뭔가 이야기를 할 때, 아무리 자신 있게 말하고 사소한 부분이나 감정까지 표현하더라도, 그런 일이 정말로 일어난 것은 아닙니다. 우리는 진짜 기억과 가짜 기억을 확실히 구별할 수 없지요. 우리에게는 독립적인 확증이 필요합니다. 거짓 기억으로 인해 미래 전체를 빼앗겨버리지 않기 위해서 우리는 모두 명심해야 합니다. 자유와 마찬가지로 기억은 연약한 것이라는 사실을요."

결과와 과정을
동시에
리뷰하라

조직에 소속되어 일하는 사람은 일에 대한 평가를 받고, 학생들은 시험을 치른 뒤 성적을 받는다. 그런데 결과를 받아보면 종종 기대와 다를 때가 있다. 나는 열심히 했고 더 좋은 평가를 받을 만한데 점수가 왜 이렇게 저조할까? 나를 평가한 상사나 선생님의 말을 들어보면 내가 평가한 내 모습과 다르다. 특히 매일 야근하고 주말에 특근까지 해가면서 열심히 일했는데, 상사의 눈에는 열심히 하지 않은 것으로 비춰질 때가 있다. 앞에서 살펴보았듯이, 사람은 누구나 자신에게 유리한 방향으로 기억을 조작한다. 때문에 객관적으로 판단하려면 일을 마친 뒤 반드시 그 일에 대한 객관적인 리뷰를 해보아야 한다. 기록이 남아 있지 않으면 어떤 부분을 어떻게 개선하고 성장시킬지에 대한 계획을 세우기가 어렵기 때문이다.

어떤 날은 고단한 몸으로 누웠지만 이런저런 생각과 극심한 피로 때문에 쉽게 잠들지 못한다. 그래서일까? 하루를 차분히 돌아보고 분석하면서 마무리하는 사람들보다는 그냥 자고 싶어 하는 사람들이 더 많은 것 같다. 하루의 시작도 어려웠는데, 마무리까지 뭔가를 해야 한다고 생각하면 부담스러울 수 있다. 하지만 하루를 잘 마무리하는 습관은 잘 시작하는 것 못지않게 중요하다.

하루를 마무리하는 가장 좋은 방법은 바로 일기쓰기다. 대개 하루 동안 있었던 일 가운데 기억나는 일들을 주로 나열하고 중간에 느낀 점을 섞어서 마무리하는 방식으로 일기를 쓴다. 이보다 한 단계 더 진화된 일기는, 하루를 되돌아보고 자기반성의 시간을 가진 후 거기에서 드러난 아쉬운 점들이 재발되지 않도록 하는 것이다.

실제로 일기의 위력은 대단하다. 때로는 역사 속에서 빛을 발하기도 한다. 임진왜란 중에 전쟁의 상황과 나라를 걱정하는 마음을 기록한 이순신 장군의 《난중일기》와 나치 치하를 살아간 유대인의 모습을 살펴볼 수 있는 《안네의 일기》는 현재까지도 당시의 상황을 생생하게 보여준다. 연암 박지원이 외교사절단으로 청나라에 다녀온 기록인 《열하일기》와 괴테의 《이탈리아 기행》을 보면 당시 중국과 이탈리아의 모습을 알 수 있다. 개인의 기록이 역사적인 자료가 되고 후대에까지 영향을 미치는 것이다.

다른 사람의 일기를 통해서도 많은 영감을 얻을 수 있지만 내가 쓴 일기는 그 이상의 것을 얻을 수 있다. 매일 일기를 쓰면 그것이 내 역사가 되고 더 나은 하루를 위한 원동력이 된다. 고달픈 하루를 마치고 나서 '아, 오늘은 정말 힘든 하루였어.'라고 생각만 하고 지나가는 것이 아니라, 무엇이 왜 힘들었는지 기록하고 개선사항이나 해결방안을 적어보면 차원이 다른 하루를 만들어낼 수 있다.

그냥 결과 말고 목표와 비교한 결과

나는 내가 보낸 하루에 대해 얼마나 객관적으로 인지하고 있을까? 제대로 된 리뷰의 시작은, 오늘 반드시 이루고자 했던 목표와 이뤄낸 결과물을 정확하게 파악하여 비교해보는 것이다. 오늘의 목표를 달성했는지 못했는지를 기록하고 분석해야 한다는 의미다.

리뷰의 핵심은 오늘 아침에 세운 '하루목표'에 있다. 이는 내가 오늘 목적한 대로 하루를 의미 있게 보냈는가를 판단하는 기준이다. 하루를 리뷰할 때 하루목표를 기준으로 두지 않으면 내가 오늘 뭘 했는지 회상해보는 정도에서 그친다. 이는 앞서 말했듯이 나 자신에게 유리한 방향대로 기억을 조작해 '오늘 참 많은 일을 열심히 했구나.'라고 착각하게 만든다.

완벽한 하루를 위해 잊지 말아야 할 것이 있다. 우리가 오늘 하루를 완벽하게 보내려고 했던 이유이자 목적은, 오늘 반드시 이뤄내고자 했던 한 가지의 목표였다. 그렇기 때문에 하루목표라는 기준을 놓치면 '계획 따로, 실행 따로'가 되어버린다.

오늘 내가 만들어낸 결과물과 아침에 세운 목표를 비교해 얼마나 달성했는지 확인해보자. 차이가 있다면 왜 그런 차이가 생겼는지 분석해본다. 달성하지 못했을 경우는 물론이고, 목표보다 훌륭한 결과를 얻었더라도 원인을 찾아보아야 한다. 원인을 찾아보지 않으면 환경이나 다른 사람이 도와준 결과임에도 자신이 능력이 있고 열심히 했기 때문이라고 잘못 해석할 수도 있다.

따라서 리뷰는 반드시 객관적인 사실을 바탕으로 해야 한다. 맨 처음 이렇게 결과만을 놓고 목표와 비교를 하는 이유는, 변명거리를 사전에 제거하기 위함이다. 과정을 먼저 고려하면 자신이 투입했던 노력들이 더 크게 보인다. 이러한 변명은 직장에서 자주 일어난다. 상사가 시킨 일을 해내려고 야근을 밥 먹듯 했는데도 일의 결과가 나오지 않을 때가 있다. 이럴 때 사람들은 열심히 노력한 것을 알아달라고 상사에게 떼를 쓴다. 하지만 조직이 이런 노력을 알고 있더라도, 냉정하게 말하면 결과가 없는 사람은 인정해줄 수 없다.

인생도 비슷하다. 노력하는 것, 좋다. 하지만 목표와 다른 결과가 나오거나, 큰 차이가 난다면 노력 자체가 의미가 없을 것이다. 노력한 만큼 결과가 나온다면 더할 나위 없겠지만, 그렇지 않더라도 거기에 만족하지 말고 앞으로 어떻게 해야 목표를 달성할 수 있을지 고민해야 한다. 노력에 만족하지 말고 결과에 만족하라는 말이다.

골든타임, 살아날 기회가 존재하는 시간

하루를 리뷰해보면 다양한 아쉬움이 남는다. 목표도 계획도 잘 세웠는데, 막상 실행해보니 생각보다 시간이 많이 부족했던 경우도 있다. 이유를 생각해보면, 소요되는 시간을 잘못 계산했거나, 주어진 시간을 효율적으로 사용하지 못한 경우로 나눌 수 있다.

앞에서 얘기한 골든타임을 되돌아봐야 한다. 특별히 집중이 잘 되거나 생산성이 높아지는 나만의 집중업무 시간이 골든타임이라고 했다. 오늘 나는 목표를 달성하기 위해 골든타임을 어떻게 사용했는가? 그 시간에 오늘 반드시 이뤄내야 할 목표에 몰두했는지, 아니면 목표에 별 도움이 안 되는 일을 했는지 분석해볼 필요가 있다. 집중력과 생산성이 높은 골든타임을 놓치면 같은 일을 하더라도 시간이 두세 배 더 든다. 결국 시간이 부족해지는 것이다.

조직에서 다른 사람들과 함께 일하는 경우, 나만의 골든타임을 활용할 수 없는 상황이 종종 발생한다. 중요한 일보다는 급한 일을 먼저 처리할 수밖에 없고, 보통은 윗사람이 시킨 일을 먼저 해야 하기 때문이다. 한두 번 정도야 어쩔 수 없겠지만, 이런 일이 빈번하게 일어난다면 해결방안을 찾아야 한다. 가령 상사가 늘 퇴근 무렵에 일을 시켜 매일 야근을 하거나, 집중하고 싶은 오전시간에 고객사로부터 전화가 많이 와서 방해받는다면 어떻게 해야 할까? '제 시간을 보장해달라.'고 상사에게 말을 꺼내기란 쉽지 않을 것이다.

하지만 나는 사원 시절에 상사에게 나의 골든타임이 조직에서 어떻게 낭비되고 있는지를 설명한 적이 있다. 물론 최대한 정중하게 말씀드렸다. '앞으로 이 시간대에 최대한 제 업무에만 몰입할 수 있는 시간을 주신다면 더 나은 성과를 보여드릴 수 있다.'고 설득했다. 다행히 진심이 통했고, 그 후로 나는 생산성이 더욱 높아졌다. 부득이한 경우가 아니라면 나의 골든타임에는 중요한 업무에만 집중할 수 있었기 때문이다.

의학용어로 골든타임은 심정지 환자나 대량출혈이 있는 환자를 살릴 수 있는 시간이다. 이 시간을 놓치면 최악의 경우 사망하거나 뇌사상태에 빠질 수 있다. 재난 사고가 발생했을 때도 골든타임 안에 구출해야 살릴 수 있다. 이처럼 골든타임은 '기회가 존재하는 시간'이다. 그러니 골든타임을 마냥 흘려보내서는 안 된다. 하고자 하는 일에 몰입해야 한다. 하루를 마무리할 때, 오늘의 골든타임을 어떻게 보냈는지 분석해보자. 쉽게 분석하려면 골든타임에 어떤 일을 할 것인가 미리 메모해두고, 리뷰할 때 확인해보는 것도 좋다.

결과는 목표를, 과정은 실행을 기준으로 판단하라

리뷰할 때 가장 중요한 것은, 자신이 만들어낸 결과물과 목표한 바를 비교하여 얼마나 달성했는지, 왜 그런 결과가 나왔는지 '선행행동'을 분석하는 것이다. 우리는 보통 목표 대비 결과 수치나 달성 여부만 보고 왜 그런 결과가 나왔는지 유추해서 해석한다. 이미 나온 결과를 가지고 왈가왈부하기보다 '왜 그런 결과가 나올 수밖에 없는가?'를 물어 과정을 분석해보는 것이 좋다. 이것이야말로 성장을 위한 보약이다.

내가 어떻게 실행했는지를 따져보면 왜 그런 결과를 얻을 수밖에 없었는지 알게 된다. 때로는 엄청나게 노력해도 원하는 결과를 얻지 못하고,

반대로 어떤 때는 대충 했는데 기대 이상의 결과를 얻기도 한다. 이러한 일들이 되풀이되면 보통 사람들은 '운運' 때문이라고 생각해버리지만, 과정을 리뷰해보면 원인을 분명히 그리고 객관적으로 알 수 있다.

먼저 계획들을 제대로 실행했는지 확인한다. 계획이 적중해서 목표를 달성한 것인지, 아니면 실행은 했지만 실행과 상관없이 그저 우연히, 주변의 도움으로 목표가 달성된 것인지 짚고 넘어가야 한다.

결과를 리뷰할 때의 기준은 목표였듯이, 과정을 리뷰할 때의 기준은 전략과 실행계획이다. 따라서 과정을 리뷰할 때는 내가 의도한 전략이나 실행계획과 비교하고, 의도한 대로 실행하지 못한 원인이 어디에 있는지를 파악해야 한다. 그리고 그것을 바탕으로 내일의 전략을 세우는 것이 중요하다. 우연히 목표를 달성했다면 다음에는 같은 결과가 나오지 않을 확률이 크니, 성공에 대한 기쁨과 자만보다는 경각심을 가져야 한다.

과정에 문제가 있어서 목표를 이루지 못했다면 대개 실행력의 문제다. 전략과 계획을 아무리 잘 세운다 한들 스스로 실천하지 않으면 아무 소용없다. 실천하려면 인내심과 끈기가 필요하다. 매일 아침 하루목표를 세우고, 매일 밤 리뷰하는 것 역시 인내심과 끈기가 있어야 가능한 일이다. 행동력에 문제가 있었다면 이번 기회를 통해 행동력을 길러보자. 행동력이 한 번 습관으로 자리 잡으면, 어떤 목표 앞에서도 큰 힘을 발휘한다.

리뷰의 궁극적인 목적은, 나의 역량 수준을 명확하게 인지하고 향후 보완해야 할 역량을 개발하는 데 있다. 즉, 내일 또 다른 목표를 이뤄내기 위해 보완해야 할 구체적인 내용을 알려주는 가이드라인이다. 따라서 리뷰에 대해 무조건 불신하거나 형식적인 절차라고 생각해 그냥 넘어가려고 해서는 곤란하다. 나의 하루목표, 시간, 실행에 대한 결과를 분석해봄으로써 앞으로 더 발전시킬 포인트를 찾는 과정이다.

만약 리뷰할 것이 없다면, 그것은 목표와 관련 없는 일들만 했다는 뜻이다. 리뷰할 것들을 적는 것 자체를 어렵게 여기는 사람들도 있을 것이다. 아니면 정말 적을 것이 없을 수도 있다. '왜 리뷰할 것이 없는가?' 이것 또한 큰 과제로 여겨야 한다. 리뷰는 '앞으로 어떻게 하겠다.'는 결심이나 다짐 정도가 아니다. 오늘의 성공과 실패를 분석해 내일의 성공을 의도적으로 만드는 아주 중요한 단계다.

노자는 "끝맺기를 처음과 같이 하면 실패가 없고, 마지막에도 처음과 같이 주의를 기울이면 어떠한 일도 해낼 수 있을 것이다."라고 했다. 시인 H. W. 롱펠로우 또한 "시작하는 재주는 위대하지만, 마무리 짓는 재주는 더욱 위대하다."라고 말했다. 동서고금을 막론하고 마무리가 얼마나 중요한지 많은 옛 성현들이 강조한다. 오늘을 완벽하게 만들어 내일의 기본이 되게 하고 하루하루 성장하려면 시작만큼 마무리가 매우 중요하다. 적극적인 리뷰는 완벽한 마무리를 만든다.

성장하는 하루를 위해 나에게 던지는 질문

오늘 하루목표에 비교해서 결과를 기록해보자.

_____

_____

_____

_____

시간계획과 결과를 비교해보면 얼마나 차이가 나는가?

_____

_____

_____

실행계획과 결과를 비교해보면 어떤 차이가 있는가?

_____

_____

_____

오늘은
어제보다 나은
하루였나?

《논어》의 '학이學而' 편에는 '일일삼성一日三省'이라는 말이 나온다. 하루에 3가지를 살핀다는 뜻이다. 중국 춘추시대 유학자 증자가 하루를 마치며 자신을 반성하고 새로 익혀야 할 것들을 찾아내기 위해 던진 3가지 물음은 다음과 같다.

남을 위하는 일에 정성을 다하였는가?

사람들과 사귀면서 신의를 지키지 못한 일은 없는가?

스승께 배운 것을 내 것으로 익히려고 노력했는가?

어떤 일을 시작하면 반드시 결과가 나오고, 대부분은 그 결과에 대해 피드백을 받는다. 직장인은 인사평가나 상사로부터, 학생은 성적표나 담임선생님으로부터, 인간관계에서 발생한 일이라면 당사자들 간의 대화를 통해 서로 생각을 공유한다. 알게 모르게 우리는 결과에 대해 여러 가지 방법으로 피드백을 받아왔다.

그러나 나의 하루목표에 대한 결과에 대해서는 누가 피드백을 해줄까? 하루 동안 일어나는 작은 단위의 일들에 대해서는 그 일과 관련된 사람들이 피드백을 해줄 수 있지만, 내가 오늘 하루를 어떻게 살았는지는 나와 일거수일투족을 함께하지 않는 이상 그 누구도 평가해줄 수 없다. 오직 나 자신뿐이다.

피드백이라는 것을 받으면 항상 무엇을 개선하면 좋을지 성장 포인트를 알 수 있다. 그래서 앞으로 행동을 변화시킬 수 있다. 만약 피드백을 받았음에도 개선할 점이 없다면, 그것은 피드백이 아니라 단순한 교정이나 지적사항이었을 것이다. 따라서 개선할 점이 무엇인지 알기 위해서는, 오늘 하루에 대한 스스로의 피드백이 반드시 필요하다.

많은 사람들은 업무를 마치면 모든 것이 끝났다는 생각으로 정신없이 하루를 마무리한다. 직장인들은 피곤에 찌든 채 정신없이 퇴근하기 일쑤다. 학생들도 비슷하다. 하지만 그때가 성장 포인트를 기록할 수 있는 가장 좋은 시간이다. 업무, 공부가 끝난 뒤 곧바로 30분 동안 전체적인 결과와 과정에 대해 리뷰하고 성장 포인트가 무엇인지 적어두자. 사람의 기억력은 한계가 있기 때문에 잠자기 전에 하루의 모든 일을 회상하며 느낀 점이나 배운 점을 기록하는 것은 생각보다 많은 시간이 소요된다. 그래서 핵심적인 일을 단위별로 하나하나 기록해두면 하루를 마무리할 때 큰 도움이 된다.

사람마다 집중하는 정도는 다르지만 보통 20~40분이 집중할 수 있는 최장 시간이라고 한다. 동일한 일에 그 이상의 시간이 경과하면 지치거나 질린다. 집중시간을 평균 30분이라고 할 때, 그 짧은 30분을 어떻게 활용하느냐에 따라 평범한 내일이 되기도, 완벽한 내일이 되기도 한다. 개선해야 할 점, 성장 포인트 등을 고려하여 미리 내일 할 일을 시뮬레이션해보자. 그것 역시 내일을 효과적으로 준비하는 비결이다.

오늘 나에게 무엇을 칭찬해줄까?

우리는 스스로를 칭찬하는 데 인색하다. 익숙하지도 않다. 겸손을 중요한 미덕으로 여겨왔고, 그래서 자신을 낮추라고 배우며 자라왔기 때문일 것이다. 다른 사람의 좋은 점을 보고 칭찬하는 것도 중요하지만, 자기 자신을 칭찬하는 것 또한 매우 중요하다. 스스로를 칭찬하고 인정하면 자기반성과 동기부여가 된다. 이는 자기학습을 위한 최상의 도구다.

무턱대고 오늘 하루도 열심히 했다고 칭찬할 수는 없을 것이다. 내가 나를 칭찬하는 일이기에 객관적이지 못한 부분도 있다. 어떤 부분이 스스로 만족스러운지 리뷰하면서 칭찬할 것을 찾으면 어떨까? 우선 하루 목표에 대한 것들을 중점적으로 작성해보고, 목표에 대한 일이 아니더라도 기억나는 대로 하루 동안 일어난 일들을 적어보자. 적다 보면 뿌듯했던 순간이나 대견스러웠던 순간 등 스스로를 칭찬해줄 만한 일들이 하나둘씩 눈에 보일 것이다.

그리고 하루목표를 달성하기 위해 실천했던 방법이나 시간관리 방법들 중 어떤 것이 성공적이었는지도 적어본다. 목표와 관련된 일은 아니지만 바쁜 와중에 동료의 일을 도와주거나, 타인의 잘못을 용서해주는 등 칭찬받을 만한 일이 있다면 그것도 적어본다. 처음에는 약간 유치하게 느껴지고 초등학생 숙제 같을 수도 있지만, 스스로를 격려하면서 뿌듯함을 느끼면 내일도 칭찬거리를 만들려고 노력한다. 칭찬거리를 찾는 데는 특별한 형식이 없어도 된다. 다만 그 과정을 통해 스스로 성취감과 만족감 같은 내적보상을 얻으면 된다. 작은 일도 크게 부풀려서 자만하지만 않는 다면, 스스로를 칭찬하는 것은 반드시 필요한 일이다.

끝이 좋아야 다 좋다

하루를 마무리할 때, 하고자 했던 일들을 해내지 못하면 큰 아쉬움 이 남는다. 열심히 했는데도 못했다면 더 아쉽다. 이렇게 해내지 못한 계획들을 보며 나는 왜 좀 더 부지런하지 못했을까, 왜 해내지 못했을까 하며 자신을 탓한다. 하지만 그런 자책은 자신감과 의욕을 떨어트릴 뿐이다. 부족한 점을 발견했다면 이 기회에 긍정적인 요소로 반전시켜야 한다.

최선을 다하지도 않고서 좋은 결과를 기대하거나, 최선을 다했다 하더라도 늘 똑같이 하루를 보내는 사람들은, 마음가짐이나 행동에 대해서 개선하고 싶은 점들이 있다. 인간관계에서 어려움을 느끼는 사람들도 '고치고 싶은 점'이 있다. 더 나은 하루를 위한 성장 포인트는 매 순간 존재하기 때문에 자신에게 필요한 부분을 추출해내는 것도 하나의 중요한 역량이다.

단, 개선할 부분을 찾을 때는 자기 탓도, 남 탓도, 환경 탓도 하지 말아야 한다. 충분히 성공할 수 있는 일이었는데 내가 놓친 부분이 무엇인지, 부족한 역량은 무엇인지 등 원인을 찾아 스스로 개선방향을 찾는다.

부족한 부분이 있더라도 대수롭지 않게 여기고, '개선하면 되지 뭐, 힘내자!' 하는 식으로 하루를 마무리하면 힘든 하루도 보람찬 하루가 된다.

누구나 숲 속에 있으면 눈앞에 있는 나무만 본다. 하지만 하루를 마치고 전체를 바라보면 눈앞의 문제가 생각보다 심각한 것이 아님을 알게 된다. 설령 심각한 문제라 하더라도 그 안에서 개선할 수 있는 여지를 찾아내면 결국 좋은 기억으로 남는다.

끝이 좋으면 다 좋게 생각되는 현상은 대니얼 카너먼Daniel Kahneman 의 심리실험에서도 알 수 있다. 대니얼 카너먼 교수는 노벨 경제학상을 받은 심리학자로 프린스턴 대학교의 명예교수다. 카너먼 교수는 실험에 참가한 사람들에게 처음에는 14도의 찬 물에 1분간 손을 담그게 하고, 두 번째 실험에서는 같은 방법으로 진행하다가 1분이 지나면 30초 정도 15도의 물에 손을 담그게 했다. 1분 동안은 똑같이 14도의 찬물에서, 추가로 30초 정도는 겨우 1도 높은 물에 손을 담그게 한 것이다. 그런데 실험에 참가한 사람들은 모두 첫 번째 물을 더 차갑다고 말했다. 30초나 더 차가운 물에 손을 담그고 있었음에도 불구하고 1도가량 물이 따뜻해졌기 때문에 결국 좋은 기억으로 남게 된 것이다.

이 실험처럼 고통스러운 경험을 전체적으로 좋은 기억으로 남기려면 마무리를 잘해야 한다. 친한 친구나 동료 사이에 오해가 생겨 서로 미워하며 힘든 시간을 보내더라도, 잘 화해하고 다시 관계를 회복하면 힘들었던 시간들이 감사하게 여겨진다. 끝이 좋으니까 비 온 뒤에 땅도 굳어지는 것이다. 무슨 일이든 끝이 좋으면 과정이 고생스러워도 좋은 기억으로 남는다. 그러니 오늘 하루도 좋게 마무리해야 한다.

비록 오늘 부족한 하루를 보냈다 해도 내일의 기회를 미리 날려버릴 필요는 없다. 소크라테스는 반성하지 않는 삶은 살 가치가 없다고 말했다. 오늘에 대한 반성과 기록은 내일을 살아가는 데 중요한 기반이 된다.

오늘의 점수를 매기고 한 줄 평을 써라

스스로를 격려하며 마무리하는 과정이야말로 자신에게 동기부여를 해주는 가장 훌륭한 성장 방법이다. 마지막으로 우리의 하루하루를 좀 더 효과적으로 기록해 나가는 방법에 대해서 이야기해보자.

목표는 눈에 보일 듯, 손이 잡힐 듯 구체적이어야 한다. 그래야 두려움 없이 목표를 향해 돌진할 수 있다. 마찬가지로 하루하루 스스로를 평가한 기록이 있으면 더욱 의욕이 솟아오르고 내일은 더 잘해야겠다는 마음가짐이 생긴다. 물론 이렇게 성장하는 자신의 모습을 매일매일 기록하는 것도 더 이상 귀찮지 않다.

리뷰를 마친 다음에, 전체적으로 하루에 대한 시사점을 한 줄로 요약해보자. 이 책을 읽고 있는 독자 여러분은 아마 대부분이 자신에 인생에 특별히 관심이 높고, 늘 무언가로 너무 바빠서 하루를 어떻게 관리해야 하는지에 대해 고민이 많을 것이다. 하루를 관리하는 데 많은 에너지를 쏟았기 때문에 마무리는 한 줄로 간단히 요약해도 좋다. 한 줄로 기록해 놓아야 나중에 빠르게 훑어볼 수 있다.

그리고 하루의 시사점을 기록할 때는 부정적인 단어보다는 최대한 긍정적인 단어를 사용해서 기록해야 한다. 나쁜 사람에게 배울 점은 없어도 깨달을 점은 있는 것처럼, 최악의 하루라도 생각을 바꿔보면 깨달음을 주는 일들로 가득할 것이다.

더 나아가 오늘 하루에 점수를 주거나, 어제보다 나았는지 아닌지를 그래프로 간단하게 그려보는 것도 좋다. 하루를 관리하기 시작한 초창기에, 나는 어제보다 오늘이 더 낫다는 것을 어떻게 알 수 있을까 고민하다가, 노트에 막대그래프로 표현해 보았다. 점수는 적지 않았다. 그리고 그다음 날은 어제 그린 막대그래프보다 높게 그릴지 낮게 그릴지만 고민했다. 처음에는 들쑥날쑥하던 막대그래프가 시간이 지나니 점점 높아지는 것을 눈으로 확인할 수 있었다. 나날이 더 발전하는 것 같아 매우 기뻤다.

또한 '한 줄 평 적기'를 습관화하면 나중에는 그 한 줄만 봐도 그날 하루가 어땠는지 동영상을 빠르게 보는 것처럼 한눈에 다 보인다. 이렇게 한 주, 한 달, 1년이 쌓이면 예전과 다른 내 모습이 낯설 때도 있다. 특히 열심히 하지 않았던 시절, 하루를 그냥 흘려보냈던 날들에 비해 자신이 매우 열정적으로 변했다는 것을 느낄 수 있다. 지나온 1년의 기록을 살펴보면 오늘 힘들어도 쉽게 포기하지 못한다. 오히려 오늘을 살아가게 해주는 힘이 된다.

오늘은 여러 가지 이유들 때문에 목표를 이루지 못할 수 있다. 그러나 오늘도 내일도 모레도 계속 그렇다면 문제다. 반성만 하고 개선은 하지 않았다는 뜻이니까. 오늘 목표한 바를 이루지 못한 것은 잘못이 아니지만, 내일도 모레도 계속 이루지 못하는 것은 잘못이다.

성장하는 하루를 위해 나에게 던지는 질문

오늘 나에게 칭찬할 점과 격려할 점은 무엇인가?

오늘 내가 했던 일들 중에 보완해야 할 것은 무엇이고 다음번에는 어떻게 고칠 것인가?

오늘의 점수는 몇 점인가? 오늘의 한 줄 평을 적어보자.

반 박자만
빨라지면
내일은
더 완벽하다

새로운 일을 시도할 때는 다들 두려움을 느낀다. 그리고 한 번 두려운 마음을 가지면 쉽게 사라지지 않는다. 게다가 주변 사람들이 심각하게 걱정하면 처음에는 두렵지 않았더라도 나도 모르게 두려워진다.

내 강의를 수강하는 학생들에게 팀별 과제를 내주면, 어떤 팀은 분위기가 좋고 어떤 팀은 의욕이 없어 보인다. 유심히 살펴보면 학생 한두 명이 분위기를 좌우한다. 어렵고 힘들다고 짜증을 내거나, 시간이 없다고 투덜거리는 학생이 있는 팀은 다 같이 의욕이 없고, 반대로 눈동자를 반짝이며 긍정적인 의견을 주고받는 팀은 팀원 모두가 열정적으로 참여한다. 긍정적인 사람의 영향도 크지만, 부정적인 사람의 영향력도 무시할 수 없다. 나도 모르게 두려운 마음과 부정적인 생각을 갖게 되니까 말이다.

하루를 보낼 때도 마찬가지다. 나 자신이 부정적인 마음을 가지고 있거나 주변에 부정적인 사람이 있으면, 그 영향으로 후회와 미련이 남는 하루가 된다. 희망차고 즐거운 마음으로 하루를 보내려면, 사전에 연습게임을 충분히 해야 한다. 아무래도 연습을 많이 하면 실전에 대한 부담이 줄어들고, 잘할 수 있다는 용기도 생긴다. 운동선수들은 경기 전에 실전 훈련과 이미지 트레이닝, 사전 시뮬레이션 게임을 하고, 학생들은 시험 보기 전에 연습문제도 풀고 모의고사도 본다. 가수나 뮤지컬 배우는 무대에 오르기 전에 실제 공연과 똑같이 리허설을 한다. 이렇게 실전과 똑같은 준비를 철저하게 한 덕분에 그들은 실전에서도 실수 없이 자신이 원하는 결과를 만들어낸다. 준비를 철저히 했으니 당연히 두려움도 줄어든다.

그렇다면 '완벽한 하루'도 연습할 수 있을까? 하루를 산다는 것은 연습 없이 곧바로 실전에 돌입하는 것인데, 어떻게 연습을 할까? 누구나 예외 없이 아침에 해가 뜨면 강제로 하루살이라는 실전에 투입된다. 어떤 사람은 사전에 연습한 것처럼 완벽한 하루를 살고 어떤 사람은 허둥지둥하다가 시간을 다 보내버린다. 인생에 오늘은 단 한 번뿐이다. 그래서 매 순간이 소중하고 언제나 최선을 다해야 한다. 마치 하루를 미리 살아본 것처럼 사전에 시뮬레이션해보는 방법을 소개하겠다.

주변 환경을 하루 먼저 정돈해보자

아이들이 커가는 모습을 보는 것만큼 기쁘고 재미있는 일도 드물다. 나 또한 그 시절의 아이들 모습이 눈에 선하다. 하지만 아이들이 한창 자라던 4~7세 사이에는 집 안이 전쟁터인지 사람 사는 집인지 분간할 수 없을 정도였다. 장난감 조각, 먹다 남은 음식, 과자봉지들이 여기저기 흩어져서 숨 막힐 때가 많았다.

어느 날, 피곤해 보이는 아내에게 "내일 치우고 잠부터 자는 것이 좋겠다."고 말한 적이 있다. 그런데 막상 다음 날 아침이 되자 청소하느라 시간에 쫓겨 결국 아내와 함께 가야 하는 약속에 늦고 말았다. 시작부터 하루가 엉키는 것 같았다. 그런 일이 몇 번 반복되고 나서 나는 과감하게 바꿨다. 아무리 피곤해도 다음 날로 미루지 말자고.

또한 아이들에게도 "너희가 가지고 논 장난감은 그 즉시 뒷정리를 하라."고 했다. 어르고 달래고 야단도 쳤다. 부모가 졸졸 쫓아다니면서 치워줄 수도 있지만, 그렇게 되면 아이들은 누군가가 치워줄 거라는 생각에 스스로 행동하지 않을 것이다. 어릴 때부터 단단히 가르쳤더니, 아이들은 바로바로 정리하는 습관이 생겼고, 나 또한 오늘 할 일은 내일로 미루지 않아야겠다는 생각이 자리 잡았다.

오늘 할 일을 오늘 끝내는 것만으로도 내일을 빠르게 시작할 수 있다. 여행가방을 전날 밤에 다 챙겨놓고 아침 일찍 집을 나서는 것과 같다. 대부분의 사람들은 여행 가기 전에 모든 준비를 마치고 잠자리에 든다. 나도 출장을 자주 다니는 편인데 항상 전날 저녁에 챙겨놓는다. 아침에 일어나서 짐을 챙겨야 한다고 생각해보라. 하루가 시작부터 꼬인다.

매일 여행을 간다는 생각으로 내일을 대비하고 주변 환경을 미리 정돈해야 한다. 학창시절에 이런 경험을 한 번쯤 해보았을 것이다. 공부하려고 책상 앞에 앉았는데 지저분한 것들이 눈에 띄어 하나둘씩 정리하다 보면 하루가 다 가버린다. 내일부터 시험공부를 할 생각이라면 적어도 오늘 저녁에는 책상 위를 미리 정리해야 한다. 그래야 내일 하루를 청소하는 데 허비하지 않는다.

이처럼 내일을 위해 물리적인 주변 환경을 오늘 정리해두면, 내일의 시간을 절약할 수 있다. 그리고 몰입하는 속도도 빨라진다. 주로 활동하는 공간에서 손이 닿는 범위부터 정리를 시작해보자. 아마 책상이나 작업대가 될 것이다. 너저분하게 흩어져 있는 물건들 중에 자주 사용하는 것을 골라 우선 가까운 곳에 배치하고, 쓸데없는 물건은 한쪽으로 정리하여 작업공간을 확보한다. 책상 위에 물건의 수가 적어지고 빈 공간이 늘어나면 기분까지 상쾌해진다. 내가 가장 많이 사용하는 장소, 물건, 사람을 먼저 파악하고, 일이 수월하게 진행될 수 있도록 정리해보자. 관련된 사람들의 경우 함께 할 일에 대해 소통하거나 작업할 시간을 조율하는 것 등이 사전준비가 될 수 있다.

잠들기 전 10분, 내일의 목표를 질문하는 시간

대부분의 사람들은 잠들기 전에 TV 앞에 반쯤 누워서 예능 프로그램과 벽시계를 번갈아 쳐다보며 왠지 모를 초조함에 안절부절못한다. 내일 지각하지 않으려면 빨리 자야 한다고 생각하면서도 침대까지의 거리가 너무 멀다. 겨우겨우 몸을 침대로 옮겨 잠을 청해보지만, 잠이 쉽게 들지 않아 스마트폰으로 짤막한 뉴스를 보거나 게임을 하다가 잠든다.

잠들기 전의 짧은 시간은 오늘이 끝나기 전에 누려야 하는 휴식시간이다. 그런데 TV를 보는 것까지는 휴식으로 생각할 수 있지만, 침대에 누워서까지 스마트폰을 보는 것은 오히려 몸을 더 피곤하게 만드는 행동이다. 이 시간에 스마트폰 대신 내일 어떤 일을 할지 스스로에게 질문해보면 어떨까? 잠들기 10분 전을 어떻게 사용하느냐에 따라서 내일이 완전히 달라진다. 미리 내일은 어떤 일을 할지, 어떤 목표를 이룰지 고민하고 잠들면 남들보다 내일을 더 빨리 시작할 수 있다. 한 치라도 앞서 내다보면 그만큼의 여유가 생기고 예상치 못한 장애물을 만나도 현명하게 대처할 수 있기 때문이다.

주변 환경을 정돈해놓고, 내일 어떤 일을 할지 미리 생각해보는 것만으로도 하루를 빨리 시작할 수 있지만, 여기에 마지막으로 비결이 하나 더 있다. 내일 할 일을 오늘 미리 준비해두는 것이다. 내일 목표와 관련된 일을 하루 앞당겨 실행함으로써 그만큼의 시간을 확보하는 것이다.

이 책에서 소개한 방법들이 하나둘씩 익숙해지다 보면 어떤 날은 생각보다 빨리 목표를 달성해 시간이 남을 수도 있다. 그럴 때 내일 하려고 한 일을 지금 하고 있는 일과 함께 처리해버리면 시간을 확보할 수 있다. 이런 시간을 잘 모으면 내일도 여유 있게 보낼 수 있다.

내일의 일을 미리 해둘 수 있는 여유가 있다는 것은, 무엇보다 오늘 하루를 제대로 관리했다는 뜻이다. 오늘을 잘 관리한 사람들만이 내일도 미리 준비할 수 있다. 또한 내일의 목표를 미리 알고 있다는 뜻이기도 하다. 이런 사람들은 목표를 크게 보고 오늘, 내일, 그리고 1주일 이상 자신이 매일 무엇을 해야 하는지 잘 알고 있다.

　　당장은 목표를 세우고 하루를 시작하는 것조차 어려울지도 모른다. 하지만 차분히 연습하다 보면 이렇게 내일까지도 미리 당겨서 살 수 있을 만큼 나의 하루를 온전히 내 것으로 만들 수 있다. 하루가 반 박자 빨라질 수 있는 위의 3가지 방법은 하루목표를 더 빨리 정할 수 있는 지름길을 알려줄 것이다. 이제 남은 것은 오로지 나의 의지와 열정이다.

　　마무리는 새로운 시작을 위한 준비다. 연말에 지나간 1년을 돌아보고 새해를 맞이하는 것처럼 매일을 그렇게 살아보자. 사람들은 해가 바뀌는 것은 대단한 일로 생각하지만, 하루하루 날짜가 바뀌는 것은 사소하게 여긴다. 하루를 마무리할 때 끝이 아니라 새로운 시작이라는 마음가짐을 갖는다면 우리의 하루는 점점 더 완벽해질 것이다.

성장하는 하루를 위해 나에게 던지는 질문
_____

주변 환경을 하루 먼저 정돈했는가?

_____

_____

_____

_____

잠들기 전 10분 동안 내일의 목표를 스스로에게 질문했는가?

_____

_____

_____

_____

내일의 목표와 관련된 일을 하루 앞당겨서 실행한다면 어떤 일을 미리 해놓을 것인가?

_____

_____

_____

_____

즐거운 중독, 완벽한 하루

요즘은 '중독'이라는 단어를 누구나 쉽게 일반적으로 사용하는 것 같다. 물론 여전히 부정적인 의미로 쓰이지만, 과거처럼 무섭고 살벌할 정도까지는 아니다. 어떤 행위로 인해 즐거움과 행복감을 느끼면 '중독'이다. 포도당을 필요로 하는 인간은 본능적으로 단것을 섭취하면 즐거움과 행복감을 느낀다. 그래서 초콜릿이나 달콤한 음료수 같은 탄수화물을 반복적으로 탐닉한다. 운동도 비슷하다. 당장은 땀에 젖고 손에 물집이 생겨도 운동을 하고 났을 때의 행복감 때문에 운동에 중독되는 사람들이 많다. 즉, 무엇이든 재미가 있고 그로 인해 행복하기 때문에 갈망하고 중독된다.

그렇다면 스스로 통제할 수 있고 계획할 수 있는 중독은 오히려 삶의 동력이 되지 않을까? 각자 하는 일은 다르지만 사람들은 저마다 일상에서 행복하게 살기를 희망한다. 돈을 열심히 벌거나, 자신의 한계를 뛰어넘는 도전을 하거나, 자신의 가치를 증명하는 일을 하는 것으로 말이다. 무엇을 할 때 즐겁고 행복한지는 각자 다르겠지만, 즐거움과 행복감을 느끼려면 누구나 그에 맞는 계획과 방법이 필요하다.

자전거를 처음 타던 날을 떠올려보자. 두 다리가 땅 위에 떠 있는 것조차 무섭고 떨린다. 두 발로 페달을 밀며 앞으로 가는 것은 생각도 할 수가 없다. 하지만 뒤에서 누군가가 잡아주면 조금씩 용기 내어 발을 땅에서 떼고 그다음에는 페달을 밀며 원하는 방향으로 나아간다. 그렇게 우리는 자전거 타는 법을 배운다. 그러다가 뒤에서 잡아주는 사람이 슬그머니 손을 놓아도, 나중에는 혼자서 속도를 내며 마음껏 달릴 수 있다.

처음 자전거 타는 법을 배울 때 누군가가 뒤에서 잡아주었던 것처럼, 이 책이 여러분이 원하는 하루를 완벽하게, 만족스럽게 보내는 데 조금이나마 도움이 되기를 바란다. 처음에는 하루를 관리한다는 것 자체가 어렵고 귀찮게 느껴지겠지만, 결단, 방향, 목표, 시간, 지원군, 실행, 성장 중에서 자신에게 부족했던 부분을 한 가지씩이라도 고쳐나가고 그 습관을 몸에 익혀보자. 원리를 이해하고 나면 얼마든지 내가 원하는 하루를 살 수 있는 나만의 노하우가 생긴다. 그러다 보면 매일 삼시 세끼를 챙겨 먹는 것처럼 하루를 관리하는 것이 당연해지고 긍정적으로 중독된다.

하루를 산다는 것은, 오늘의 목표달성과 내일을 위한 준비까지 포함된다. 내일은 오늘 이룬 결과 위에 쌓인다. 그래서 오늘 해야 할 일을 하고 내일을 준비해야 하루가 완벽해진다. 오늘 하루 동안 이루고 싶은 많은 목표들 중에서 최소한 하나만이라도 분명하게 정해두고 그 목표에 몰입해보자. 그 하나의 목표를 완벽하게 이뤄내면 즐거움과 행복함을 느낄 수 있고, 내일 더 성장할 수 있다. 그렇게 노력하고 성취하는 하루하루가 쌓이면, 끊임없이 자신의 역량을 키울 수 있는 멋진 인생이 될 것이다.

안국동에서

류랑도

• 완벽한 하루를 위한 나만의 골든타임 플래너

오늘의 WHY

월   일   요일

우선순위

해야 할 일	중요도	시급성	총계	우선순위

하루목표

오늘의 목표	목표수준	목표를 이루는 구성요소	피드백 기준	예상 소요시간	달성여부

시간관리 및 실행전략

구분	시간	계획	실제결과	원인/만회대책
골든타임				
일상시간				

하루목표 리뷰

성장 포인트

한 줄 평

오늘의 점수   / 100점

저자소개

류랑도

(주)더퍼포먼스 대표 컨설턴트. 20여 년 동안 '성과를 돕는 사람'으로 대한민국의 모든 리더와 구성원들에게 진정한 '성과'가 무엇인지, 어떻게 하면 일하는 '전략'과 '방법'을 개선해 '역량'을 키울 수 있는지 소개해왔다. 풍부한 실무경험과 인본주의 철학을 바탕으로 제시하는 촌철살인의 강의와 컨설팅은 수많은 개인과 조직의 지속가능한 발전을 이끌어주었다. 핵심을 관통하면서 청중을 휘어잡는 강의로 유명하며, 기업과 정부기관의 초청 1순위 연사로 꼽혀 연간 250회 이상의 강연을 하고 있다. 또한 《일을 했으면 성과를 내라》, 《제대로 시켜라》, 《하이퍼포머》, 《회사 개념어 사전》 등 30여 권의 저서는 출간할 때마다 베스트셀러가 되었다.

연세대학교 사회학과를 졸업한 후, SK건설 인사팀에서 다년간 실무경험을 쌓고, 성신여대에서 성과관리를 주제로 박사학위를 취득했다. 현재 삼보산업, 삼보오토의 경영고문을 맡고 있으며, (주)경신의 경영자문을 맡고 있다.